UNE PAGE D'HISTOIRE

LES

FRANCS-TIREURS

DE LA SARTHE

PAR

Le Comte DE FOUDRAS

Pro Patria!

OUVRAGE COURONNÉ
PAR LA SOCIÉTÉ NATIONALE D'ENCOURAGEMENT AU BIEN

Nouvelle édition, revue et augmentée

PARIS

PAUL OLLENDORFF, ÉDITEUR

28 *bis*, RUE DE RICHELIEU, 28 *bis*

1886

LES

FRANCS-TIREURS

DE LA SARTHE

~~~~~~

OUVRAGES DU MÊME AUTEUR

PERLES ET DIAMANTS, 1 vol. in-12.

GENS D'ÉPÉE ET GENS DE POTENCE, 1 vol. in-12.

STELLA, OU LE SECRET DU ROI (opéra-comique), 1 vol. in-8.

LE LIEUTENANT TROMPE-LA-MORT, 1 vol. in-18.

LES GRANDES MANŒUVRES DU 13ᵉ CORPS EN 1883, brochure in-18.

POUR PARAITRE SUCCESSIVEMENT:

SOUVENIRS CYNÉGÉTIQUES DU MARQUIS DE FOUDRAS (mis en ordre par son fils).

BLANDINE ROSETTI.

AUTOUR DE ROANNE : Légendes et Chroniques.

LE DRAME DE QUERETARO.

~~~~~~

UNE PAGE D'HISTOIRE

LES

FRANCS-TIREURS

DE LA SARTHE

P A R

Le Comte DE FOUDRAS

Pro Patria !

OUVRAGE COURONNÉ
PAR LA SOCIÉTÉ NATIONALE D'ENCOURAGEMENT AU BIEN

Nouvelle édition, revue et augmentée

PARIS

PAUL OLLENDORFF, ÉDITEUR

28 *bis*, RUE DE RICHELIEU, 28 *bis*

1886

Tous droits réservés

A Monsieur le Général CHANZY

COMMANDANT EN CHEF LA DEUXIÈME ARMÉE DE LA LOIRE[1]

Permettez-moi, mon général, de vous dédier ce livre, né d'hier et tout vibrant encore d'un passé glorieux pour nous, malgré nos malheurs. Je vous l'offre tel qu'il est, avec ses ardeurs et ses rêves, les unes apaisées sinon éteintes, les autres interrompus brusquement sinon détruits.

Je souhaite que ces modestes pages, où les faits

[1] Nous avons tenu à reproduire cette dédicace, expression bien imparfaite de nos sentiments de profonde admiration pour l'illustre homme de guerre que la France ne saurait aujourd'hui trop regretter.

particuliers coudoient à chaque pas l'Histoire, vous rappellent l'époque où votre bienveillance était pour les Francs-Tireurs de la Sarthe un honneur et un encouragement.

Si ce respectueux hommage peut ressusciter dans votre mémoire un nom probablement oublié ; s'il fait revivre un seul instant, dans votre pensée, le jour où vous m'accueillîtes avec tant de bonté, moi soldat obscur au milieu de chefs si illustres, je serai heureux et fier, mon général, d'avoir écrit un livre qui m'aura permis de me montrer publiquement reconnaissant envers vous.

LE COMTE DE FOUDRAS.

Chalon-sur-Saône, mai 1872.

AU LECTEUR

A PROPOS DE CETTE NOUVELLE ÉDITION

Bien des pages ont été écrites sur la campagne de France de 1870-1871, pages poignantes, lues par tous avec avidité.

Nos récits, publiés au lendemain de la guerre, furent de ceux qui attirèrent l'attention bienveillante du public, non à cause du mérite de leur auteur, mais en raison de la véracité des faits.

Ce n'était point une histoire à la manière de Ségur, racontant la Russie et ses plaines de neige ; c'était une narration sobre, où nous

n'avions rien oublié, ni les douleurs des soldats,
ni les défaillances de quelques-uns, ni les turpitudes et les vanités de certains, ni le devoir
simplement et noblement rempli par beaucoup
d'autres.

Pro Patria ! avait été notre devise ; et quand
il s'agit de la Patrie, cette mère si cruellement
éprouvée, quand on parle de ses malheurs,
comment ne pas trouver de l'écho dans tous les
cœurs ?

C'est ce qui nous est arrivé, et c'est pour cela
aussi que nous rééditons aujourd'hui notre
livre « Les Francs-Tireurs de la Sarthe », espérant qu'on fera meilleur accueil encore à cette
nouvelle édition qu'à ses devancières.

Le métier du soldat-partisan est des plus obs-
curs et des plus pénibles. Le plus souvent, il ne
lui est pas donné de combattre en plein soleil
et de mourir sous les yeux de son général. Mais
vous le verrez, lorsque le jour baisse et que
personne ne le regarde, affronter bravement la
mort, tomber ignoré au coin d'un bois, « pris

entre la haie et le fossé », comme dit Montaigne[1]; — dévouement simple, sans apprêt, de tous les instants.

Telle fut, pendant l'« *année terrible* », la vie de ces modestes hommes du devoir, que nous eûmes l'honneur de commander.

Puissent ces souvenirs entretenir dans l'âme de nos enfants cette aspiration vers les nobles choses, cet amour pour la gloire, cette abnégation de soi-même, ce dévouement sans bornes à la patrie, dont — le premier entre tous — l'héroïque Chanzy, dans une carrière, hélas ! trop vite brisée, nous a légué l'exemple !

Le comte de Foudras.

Château d'Origny, août 1886.

[1] *Essais*, l. II, ch. xxi : *De la Gloire.*

QUELQUES LIGNES

SOUS FORME DE PRÉFACE

Lorsque la guerre éclata entre la France et la Prusse, j'habitais Bruxelles.

Patriote par le sang et par le cœur, ma première pensée, à la nouvelle si inattendue de nos désastres sur le Rhin, avait été de solliciter la faveur de rentrer dans l'armée, des rangs de laquelle je m'étais retiré en 1858, comme lieutenant de cavalerie.

Ma demande resta sans réponse.

Un peu plus tard, secondé par un compatriote, M. Rondot, j'avais fait un chaleureux appel aux Français résidant en Belgique ; et, en quelques jours, de nombreux volontaires étaient venus se grouper autour de nous [1].

Arrivé à Lille à la fin du mois d'août, j'avais dû, vers le milieu de septembre, à la suite de nombreuses tracasseries suscitées par l'administration civile, renoncer à conserver l'un des deux commandements des *Francs-Tireurs lillois* [2].

Le 20, j'étais à Tours.

Le 22, grâce à l'appui du remuant M. Glais-Bizoin, vivante image du légendaire docteur

[1] Son Altesse Royale Monseigneur le duc de Chartres comptait dans nos rangs. A l'exception des deux commandants des *Francs-Tireurs lillois,* mis dans le secret et fiers à juste titre de l'insigne honneur qui leur était fait, chacun au corps ne voyait dans le prince qu'un maréchal des logis d'un régiment de lanciers belges, qui, disait-il, « enthousiaste de la France », n'avait pas craint de déserter pour combattre l'invasion allemande. Il ne resta que peu de temps au bataillon ; il le quitta quelques semaines plus tard, en Normandie, où retentit glorieusement le nom de Robert-le-Fort.

(*Note de cette nouvelle édition.*)

[2] Voir la note A, à la fin du volume.

Pangloss, l'amiral Fourichon, délégué au Ministère de la guerre, m'autorisait à former au
Mans un corps qui, reconnu comme belligérant,
s'appellerait : *les Francs-Tireurs de la Sarthe.*

C'est à la tête de cette petite phalange de
hardis et braves volontaires que j'ai pris part
à la douloureuse, mais glorieuse campagne de
l'*Armée de la Loire.*

Avec mes intrépides compagnons, j'ai aidé à
défendre, jusqu'au dernier moment, le sol sacré
de la patrie ; avec eux, j'ai souffert, j'ai espéré,
j'ai maudit ! Enfin, au milieu d'eux, j'avais
retrouvé une seconde famille, car comme ils
m'aimaient et savaient me prouver leur dévouement, ces hommes au cœur d'or et aux bras
d'acier !

De pareils souvenirs ne s'effacent pas.

Aussi, ce sont ces souvenirs ; c'est tout ce que
nous avons vu, tout ce que nous avons fait
ensemble ; c'est notre vie aux avant-postes pendant quatre mois d'un rude hiver ; ce sont ces
luttes gigantesques et uniques dans l'Histoire,

— c'est tout cela que je veux retracer aujourd'hui, heureux d'avoir à raconter de belles actions et plein de confiance dans l'avenir de la France !

I

LE CORPS D'OBSERVATION D'EURE-ET-LOIR

<h1 style="text-align:center">I</h1>

LE CORPS D'OBSERVATION D'EURE-ET-LOIR

J'ARRIVAIS au Mans le 23 septembre.

Dès le lendemain, j'avais vu le préfet, obtenu de ce fonctionnaire l'autorisation d'adresser un appel aux populations de la Sarthe, fait de nombreuses visites, enfin reçu l'assurance que mon œuvre serait puissamment soutenue et chaleureusement patronnée par les journaux *l'Union de la Sarthe* et *la Sarthe*.

Ces deux feuilles m'aidèrent si bien, en effet ; je trouvai dans leurs rédacteurs en chef, MM. Le Nordez et Duchène, des collaborateurs si dévoués et animés d'un patriotisme si ardent, que l'organisation de mon corps se fit on ne peut plus rapidement.

Le 2 octobre, j'avais 338 hommes prêts à marcher à l'ennemi.

Je formai aussitôt quatre compagnies de 72 hommes chacune. Les cadres, que je pris de préférence parmi les anciens soldats, se composaient de :

EN OFFICIERS :

1 chef de bataillon, commandant,
1 capitaine adjudant-major,
1 lieutenant de détail, officier-payeur,
1 chirurgien aide-major,
4 capitaines de compagnie,
4 lieutenants,
4 sous-lieutenants.

EN SOUS-OFFICIERS, CAPORAUX ET CLAIRONS :

1 adjudant sous-officier,
4 sergents-majors,
4 sergents-fourriers,
8 sergents,
16 caporaux,
4 clairons.

Ces volontaires, accourus de tous les points du département et des départements voisins, et dans les rangs desquels se coudoyaient des vieillards et des enfants, appartenaient à toutes les classes de la société : leur impatience était grande, et ils parlaient avec enthousiasme de la nouvelle vie qui allait commencer pour eux.

Notre costume était sévère et léger. Les officiers avaient la petite tunique, le pantalon et le képi en drap bleu foncé : parements, bandes et turban de la coiffure verts. Pour la troupe, la tunique était remplacée par la vareuse. Un sac-musette de toile grise, porté en sautoir, tenait lieu du sac traditionnel du soldat.

L'armement, qui consistait en fusils anglais *Snider*, nous fut fourni par l'arsenal de Toulouse. En ce qui concerne l'habillement et l'équipement, des sommes recueillies à l'aide de souscriptions nous permirent d'en solder une partie.

Le 4 octobre, dans la nuit, je recevais de

M. le général d'Aurelle de Paladines l'ordre de partir pour Chartres le lendemain, à la première heure : nous devions prendre les voies rapides.

Nous arrivâmes à Chartres sur les deux heures de l'après-midi.

Le préfet, M. E. Labiche, nous attendait à la gare, et nous dirigea immédiatement sur Maintenon, où nous fûmes installés le même soir. On nous donna pour casernement une vieille église attenant aux communs du château de M. le duc de Noailles.

Trois bataillons de mobiles d'Eure-et-Loir, deux bataillons de mobiles de Lot-et-Garonne et les francs-tireurs de Cognac gardaient cette position, que traverse la ligne de fer reliant Paris à la Bretagne, et d'où il est facile de surveiller les différentes routes qui conduisent de Rambouillet à Chartres, en passant par Épernon, Jouy ou Gallardon. Ces forces réunies avaient pris le nom de *corps d'observation d'Eure-et-Loir*, et formaient l'avant-garde de *l'armée de l'Ouest* ou *forces régionales de l'Ouest* [1].

L'esprit de ces troupes était excellent. Les officiers avaient la confiance de leurs hommes, et si beaucoup d'entre eux manquaient encore d'instruction militaire, leur zèle pour l'acquérir était grand. Les mobiles étaient disciplinés, actifs, infatigables, insouciants. Une chose cependant leur tenait à cœur : c'était l'absence de toute artillerie.

« Si nous avions seulement quelques canons... disaient-ils sans cesse, oh ! on verrait alors ! »

En attendant ces canons tant désirés, ils n'en faisaient pas moins bonne garde autour de Maintenon.

Maintenon, jolie petite ville de 2,000 habitants, est située à l'extrémité de la vallée de l'Eure, à 51 kilomètres de Versailles. Le pays qui l'environne est accidenté, très boisé, sil-

---

[1] Les forces régionales de l'Ouest furent commandées par les généraux d'Aurelle de Paladines et Fiéreck.

lonné de chemins et de sentiers praticables en tout temps, et arrosé par l'Eure, la Guesle, la Voise et l'Ocre. Les villages y sont rapprochés les uns des autres et généralement populeux. Les ruines du gigantesque aqueduc, travaux commencés par Louis XIV et qui ne furent pas achevés, sont encore debout : elles se dressent au-dessus des arbres séculaires du magnifique parc du duc de Noailles, et vont finir non loin de la gare. Leurs crêtes élevées servaient de points d'observation aux factionnaires qu'on y postait jour et nuit. Ajoutons que le service des subsistances était fait par les soins de la mairie, et que les fonctionnaires qui la dirigeaient ne faillirent jamais à leur tâche pénible et laborieuse : malgré la rareté des vivres et la difficulté des transports, ils s'ingéniaient si bien qu'ils trouvaient le moyen de satisfaire tout le monde.

L'ennemi occupait Rambouillet depuis le milieu de septembre.

La veille de notre arrivée, le lieutenant-colonel Marais, à la tête des mobiles d'Eure-et-Loir, avait été repoussé d'Épernon, à la suite d'un combat inégal, brillamment soutenu pendant près de sept heures par ses jeunes soldats.

M. le chef d'escadron de gendarmerie Perottin venait de remplacer le lieutenant-colonel Marais dans le commandement supérieur du *corps d'observation d'Eure-et-Loir.* Ce poste m'avait été offert par le préfet, à notre passage à Chartres. J'avais refusé. Je m'étais fait soldat par dévouement, non par ambition ; puis il m'eût paru peu digne d'accepter des fonctions au détriment d'un officier plus ancien et plus capable que moi.

La cavalerie manquant complètement à Maintenon, c'est nous qui devrons la remplacer. Fractionnés en petits détachements, nous aurons pour loi invariable, exclusive, de battre le pays dans tous les sens, de surprendre, d'attaquer, mais non de combattre en ligne ; en un mot, nous suivrons l'exemple des fanatiques de Ferdinand VIII et des guerilleros de Juarez.

2.

Notre rôle actif commence aussitôt.

6 octobre. — La 2ᵉ compagnie des francs-tireurs de la Sarthe se porte sur les dix heures du soir en avant de la ferme du bois des Fourches, pillée le matin même par les Prussiens. Quelques coups de fusil sont échangés avec des rôdeurs ennemis.

7 octobre. — Reconnaissance exécutée par tout le bataillon. Départ à trois heures de l'après-midi. Nous fouillons le bois de Houx, traversons la petite vallée de Yermenonville, nous rabattant sur Houdreville, d'où j'envoie à Épernon un de mes officiers déguisé pour savoir si la ville est occupée.

D'après les renseignements recueillis, des détachements de cavalerie venaient chaque jour de Rambouillet à Épernon, pour rayonner ensuite dans les villages des environs et y faire des réquisitions.

Nous regagnons notre cantonnement dans la nuit, en longeant le bois de Morville.

8 octobre. — Le commandant Perottin donne

l'ordre d'arrêter à Le Paty, près d'Épernon, un sieur T..., riche propriétaire, accusé par la rumeur publique d'entretenir des relations avec l'ennemi. Le capitaine Tétart, des francs-tireurs de la Sarthe, est chargé de cette mission. M. T... et son fils sont emmenés à Chartres [1].

On nous prévient que Maintenon va être attaqué. Le commandant Perottin prend ses dispositions de défense. Nous restons toute la journée sous les armes ; le bataillon est posté à la ferme du Parc, point culminant sur la droite de la ville. Nous rentrons dans la soirée, sans avoir été inquiétés.

9 octobre. — Nouvelle alerte. Nous gardons le *Camp de César*, position formidable qui domine Saint-Piat, Mévoisins et Armenonville. Une pluie fine ne cesse de tomber ; des colonnes de fumée s'élèvent au loin, dans la direction d'Auneau.

---

[1] Cette affaire n'eut pas de suite : MM. T..., grâce sans doute à l'intervention du préfet, furent mis en liberté peu de jours après.

Dans le courant de la journée, j'envoie la 3ᵉ compagnie pousser une reconnaissance vers Ecrosnes.

Nous entendons tonner le canon à notre gauche : l'ennemi, confiant dans la ruse dont il s'est servi à notre égard, — c'est lui qui a fait répandre adroitement par ses espions le bruit d'un mouvement offensif sur nos lignes, — a marché sur Dreux, qu'il attaque en ce moment.

Les 1ʳᵉ, 3ᵉ et 4ᵉ compagnies des francs-tireurs de la Sarthe reçoivent l'ordre de se porter sur Coltainville, et de rentrer le lendemain à Maintenon en passant par Chartres. Cette reconnaissance est conduite avec intelligence par le capitaine Fleury, qui, ayant poussé jusqu'à Loinville, y surprend un détachement de hussards rouges qu'il met en fuite.

10 et 11 octobre. — La 2ᵉ compagnie est envoyée à Nogent-le-Roy ; elle s'avance jusqu'au village de Ruffin. Là, on apprend que les colonnes prussiennes ont passé le matin même à Rosay.

En effet, comme la veille, nous entendons le canon du côté de Dreux.

M'étant rendu à Chartres, le préfet, vu la gravité des événements, décide que le bataillon restera momentanément à sa disposition.

Mes quatre compagnies me rejoignent successivement.

A onze heures du soir, je suis appelé à la préfecture. Les nouvelles sont mauvaises ; la consternation est sur tous les visages.

— Commandant, me demande vivement M. E. Labiche, pouvez-vous partir sur l'heure pour Dreux ?

— Commandant, s'écrie M. Vingtain, membre du Conseil général, allez au secours de mes infortunés compatriotes... sinon Dreux subira demain le même sort que Chérizy, Brissart et la Mésangère : ces malheureux villages sont en cendres !

— Commandant, me dit à son tour M. L. Delacroix, maire de Chartres, je mets à votre disposition toutes les voitures nécessaires pour le transport de vos hommes.

— Que décidez-vous, commandant ?... reprend de nouveau le préfet.

On devine quelle fut ma réponse.

Nous partons à minuit dans de grandes charrettes : je dois prendre le commandement de toutes les forces qu'on suppose être encore réunies à Dreux, ainsi que d'un bataillon de mobiles demandé à Maintenon par le télégraphe, et qui nous rejoindra directement.

Une douzaine de gendarmes à cheval nous précèdent.

La nuit est noire et froide ; nous roulons assez rapidement, nos fusils chargés entre les jambes, silencieux et l'oreille aux aguets. De loin en loin, nous nous croisons avec quelques rares paysans : ces braves gens, qui se sont battus toute la journée, regagnent tristement leurs demeures, mourant de faim et exténués de fatigue.

« Ça va mal, bien mal, par là-bas... fait l'un

d'eux que j'interroge. Dépêchez-vous, monsieur ! »

Nous arrivons au Péage vers trois heures du matin ; nous y sommes arrêtés par le sous-préfet de Dreux. Ce fonctionnaire nous apprend que la municipalité s'étant opposée à une plus longue résistance, nos troupes, composées d'un bataillon des mobiles de Domfront et d'un bataillon des mobiles de Laigle[1], ont dû se replier sur Verneuil. Il ajoute qu'il se rendait à Chartres pour tâcher d'obtenir un renfort d'artillerie, ou du moins un chef déterminé, lorsqu'il a rencontré au Péage M. Vingtain ; — ce dernier nous avait devancés à Dreux pour se fixer exactement sur la situation ; — que celui-ci lui a annoncé notre prochaine venue, et que nous devons attendre son retour avant de poursuivre notre route.

[1] Ces troupes étaient sous les ordres du lieutenant-colonel des Moutis, un vaillant officier. Les mobiles de l'Orne se distinguèrent en maintes circonstances à l'armée de la Loire.

M. Alfred Sirven, sous-préfet de Dreux, est un homme énergique[1]. Nous décidons ensemble d'appeler aux armes les populations des campagnes : des officiers du bataillon vont, à cet effet, être envoyés dans toutes les directions, chargés de prévenir les maires et de faire sonner le tocsin. Il est aussi convenu que nous n'hésiterons pas à sévir contre tout citoyen qui, soit par ses actes, soit par ses paroles, cherchera à entraver nos moyens de défense. Ces moyens, nous voulons les pousser jusqu'à la dernière limite.

M. Vingtain arrive sur ces entrefaites ; c'est avec un profond désespoir qu'il nous annonce que tout est fini.....

---

[1] M. Alfred Sirven est un jeune écrivain de talent. Sa conduite, les 8, 9 et 10 octobre, a été admirable de dévoûment et de courage. Dreux lui est certainement redevable de ne pas avoir été vendu tout d'abord à une poignée de cavaliers, et de s'être défendu ensuite pendant trois jours contre un corps prussien de près de 2,000 hommes, appuyé par une batterie d'artillerie. M. Sirven a écrit une brochure sur les événements dont Dreux a été le théâtre à cette époque.

« A l'heure qu'il est, nous dit-il en terminant son récit, la municipalité, au nom de la ville, parlemente avec l'ennemi. »

Cet événement déplorable non seulement renverse tous nos projets, mais, les Prussiens étant maîtres de Dreux, l'objet de ma mission se trouve annulé, et je n'ai plus qu'à rentrer à Chartres.

Nous en reprenons la route, l'âme navrée et le cœur plein de dégoût.

Dans la journée, le préfet est informé que les Prussiens se sont retirés précipitamment sur Rambouillet avant que M. Batardon, maire de Dreux, ait eu le temps de mettre son projet à exécution. Dreux est donc libre encore, et pour le moment à l'abri d'un coup de main : le lieutenant-colonel de Baurepaire, ayant débouché par Anet, l'occupe depuis le matin avec 3,000 hommes du 15e de mobiles (Calvados).

M. E. Labiche me charge de me rendre de ma personne à Dreux, d'y arrêter le maire et de le ramener à Chartres. Je pars en voiture, accompagné des capitaines Fleury et Tétart. Nous sommes de retour dans la nuit avec notre prisonnier[1].

12 octobre. — Un repos de vingt-quatre heures est accordé au bataillon.

13 octobre. — Nous rejoignons à Maintenon le *corps d'observation d'Eure-et-Loir.* Un train spécial nous conduit jusqu'à destination.

[1] Le *Moniteur universel* du 18 octobre 1870 contenait la note suivante :

« A la suite des douloureux événements dont la ville de Dreux et ses environs ont été le théâtre dans les journées des 9, 10 et 11 octobre, M. Batardon, maire, qui se devait à lui-même autant qu'à ses administrés et à ses devoirs envers la France d'essayer au moins une tentative de résistance, avait été mis en état d'arrestation. Amené à Tours, il a subi un interrogatoire, d'où il est résulté que M. Batardon n'a été, dans ces tristes circonstances, que l'instrument à l'aide duquel des gens décidés à tout plutôt qu'à se battre, et au nombre desquels on a le regret de compter certaines autorités de la ville, ont consommé l'acte de lâcheté qui laissera une trace si malheureuse dans l'histoire de Dreux. Dans cette situation, on a pensé que M. Batardon devait être abandonné, comme ses conseillers et ses complices, au verdict de l'opinion publique. Aujourd'hui, il est libre. Qu'il retourne, s'il l'ose, au milieu de ses concitoyens. C'est là qu'il trouvera le châtiment que mérite un tel oubli de ses devoirs de magistrat et de Français. »

Le nombre de mes volontaires s'était augmenté de nouvelles recrues ; la compagnie des
francs-tireurs de Senonches nous avait été aussi
adjointe et avait pris le numéro 5 : son capitaine était M. Benet, receveur de l'enregistrement, officier capable et d'une grande bravoure.

Le lieutenant-colonel Brunet de La Charie
avait remplacé le chef d'escadron Perottin dans
le commandement supérieur, et le 4ᵉ bataillon
des mobiles d'Eure-et-Loir, arrivé depuis peu,
portait l'effectif des troupes chargées de protéger Chartres au chiffre de 12,000 hommes
environ.

Toutefois, notre situation militaire ne laissait pas que de s'aggraver chaque jour davantage.

Tandis que nous avions tout à craindre des
forces ennemies qui, de Chevreuse, de Trappes
et de Rambouillet, pouvaient, d'un instant à
l'autre, marcher sur Maintenon, le danger nous
menaçait également à l'est et au sud-est de

Chartres. Étampes et Orléans étaient occupés, et des colonnes prussiennes envoyaient déjà leurs éclaireurs jusqu'à Ablis, Auneau, Oinville et Bonneval.

Notre métier allait devenir plus rude et plus laborieux que jamais.

14 octobre. — La 2ᵉ compagnie des francs-tireurs de la Sarthe cerne la ferme de la Tour-Neuve, près de Gallardon : des uhlans fuient à son approche.

Les 4ᵉ et 5ᵉ compagnies surprennent au Gué-de-Longroi un demi-escadron de hussards rouges. Un engagement a lieu, et les Allemands, après quelques minutes de résistance, tournent bride, laissant entre nos mains deux prisonniers et trois chevaux, et un mort sur le terrain. Le sous-lieutenant Bachelot se distingue tout particulièrement dans cette circonstance.

15 octobre. — Reconnaissance sur les territoires d'Ermenonville, Houx et Gallardon.

Je suis informé que ma tête est mise à prix

par le colonel Schmidt[1], commandant supérieur à Rambouillet. Je ne m'attendais pas à un pareil honneur! Cette nouvelle, au lieu de diminuer mon ardeur, l'augmentera au contraire davantage, car c'est une preuve que nous avons déjà su inspirer de la crainte à nos adversaires.

16 octobre. — La 3ᵉ compagnie aperçoit, en avant du bois des Fourches, un convoi ennemi composé d'une centaine de voitures, et escorté par plus de 200 hommes d'infanterie. Le capitaine Tétart ouvre le feu aussitôt, et son attaque vigoureuse et imprévue jette un moment la confusion à la queue du convoi. Mais de nombreux cavaliers débouchant tout à coup, le capitaine Tétart croit devoir se replier, ce qu'il exé-

[1] D'une cruauté sans exemple, le colonel Schmidt avait, le 8 octobre, fait brûler sans pitié le village d'Ablis, bourg riche et important, situé sur les confins du département de Seine-et-Oise. Obligé quelques jours après de relâcher les habitants emmenés par lui comme otages, il aurait, dit-on, laissé échapper ces paroles : « A mon lit de mort, je me rappellerai cette malheureuse affaire. »
(Note de cette nouvelle édition.)

3.

cute en bon ordre et sans se laisser entamer, bien que poursuivi durant un parcours de plusieurs kilomètres. Un franc-tireur est légèrement blessé au pied.

Trois pièces de canon nous ont enfin été données ; les hommes en sont heureux et fiers : il leur semble qu'ils seront désormais invincibles. Le capitaine de vaisseau Duval dirige de Chartres les opérations ; le capitaine de frégate F. Du Temple[1] a succédé au lieutenant-colonel Brunet de La Charie ; nous avons avec nous deux compagnies de fusiliers marins.

17 octobre. — J'ai le commandement d'une reconnaissance composée d'un bataillon des mobiles de Lot-et-Garonne et des 1re, 3e et 5e compagnies des francs-tireurs de la Sarthe.

---

[1] M. F. Du Temple, nommé représentant de l'Ille-et-Vilaine, le 8 février 1871, s'est fait remarquer, dans les discussions les plus importantes, par l'ardeur de ses opinions religieuses et légitimistes. Il est regrettable que M. F. Du Temple ait disparu de la scène politique en 1876 : les hommes de cette trempe sont rares et seraient si nécessaires aujourd'hui.

(Note de cette nouvelle édition.)

Partis à sept heures du soir, nous traversons successivement Saint-Piat, Mévoisins, Armenonville, Bailleau-sous-Gallardon et le Mesnil. Arrivée à Gallardon à trois heures du matin; retour à Maintenon, en passant par les Gâtineaux, Gas et Houx. Mes 1re et 3e compagnies nous ont quittés à Gallardon, pour aller prendre position à Saint-Symphorien et aux Bordes.

18 octobre. — Les 2e, 4e et 5e compagnies sont postées en avant du village de Houx. La 2e compagnie s'avance jusqu'à Berchères et dresse une embuscade dans les bois environnants; des coups de feu sont échangés avec les hussards bleus.

19 octobre. — Retour à Maintenon des 4e et 5e compagnies. Les francs-tireurs de Senonches et un bataillon des mobiles de Lot-et-Garonne partent pour Chartres.

Je demande et obtiens du colonel Duval l'autorisation de pousser une pointe sur Rambouillet. Le lieutenant Beauguitte doit me devancer, pour tâcher d'obtenir des renseignements exacts sur les positions de l'ennemi. Mais cette opération ne peut s'exécuter à cause de la rapidité avec laquelle les événements continuent à marcher au sud et à l'est de Chartres. La veille, Châteaudun, défendu par 600 francs-tireurs de Paris et 120 francs-tireurs nantais, est tombé au pouvoir des Prussiens, après une défense héroïque soutenue contre 10,000 hommes et une formidable artillerie.

Deux hommes, condamnés à mort par la cour martiale, sont passés par les armes : l'un est un artilleur qui a insulté un sous-officier; l'autre est un paysan des environs, qui a prévenu un détachement de hussards rouges de l'approche de nos troupes.

De nouvelles embuscades sont établies sans résultat dans les bois de Berchères.

Ordre est envoyé aux 1re et 3e compagnies, qui se sont repliées de Saint-Symphorien et des Bordes sur Gallardon, de faire sauter le pont au point de jonction des rivières la Voise et l'Ocre.

20 et 21 octobre. — Reconnaissance de la 4e compagnie dans la direction d'Houdreville. La 2e compagnie quitte son cantonnement de Houx, pour rejoindre les 1re et 3e compagnies à Gallardon. Le lieutenant de Pradun arrête à Bleury un homme désigné comme espion : cet individu est amené le même jour à Maintenon, les compagnies devant rallier immédiatement le *corps d'observation d'Eure-et-Loir*, appelé à Chartres en toute hâte.

La colonne est formée à huit heures du soir, en dehors de la ville; les 3e et 4e compagnies des francs-tireurs de la Sarthe et les marins sont chargés d'éclairer la route; les 1re et 2e compagnies ont pour mission de protéger la retraite.

Nous rompons vers les onze heures, mais alors pour nous diriger, conformément à de nouveaux ordres envoyés au commandant Du Temple, sur la forêt de Bailleau-l'Évêque, au nord-ouest de Chartres.

Après avoir suivi la route nationale nº 10

durant un parcours de trois lieues, nous être jetés ensuite sur la droite et avoir traversé le village de Poisvilliers, nous arrivons, sur les six heures du matin, à Saint-Aubin-des-Bois. Un gendarme nous y attendait, porteur d'une dépêche nous prescrivant de partir aussitôt pour Chartres. C'est par « un *déplorable malentendu* », dit le préfet dans sa dépêche, que l'on nous a fait prendre la direction de Bailleau-l'Évêque.

Ces marches et contre-marches, conséquences d'hésitations bien coupables en présence d'événements aussi graves, causent des retards qui vont rendre notre concours impuissant.

En effet, 20,000 Prussiens, appuyés par 40 pièces de canon, occupent déjà les hauteurs qui dominent la ville du côté sud, tandis que les troupes qui sont à la disposition du colonel Duval, — un bataillon des mobiles d'Ille-et-Vilaine, un bataillon des mobiles de Lot-et-Garonne, 300 marins et les francs-tireurs de Senonches, — ne couvrent que bien imparfaitement les abords du Grand-Faubourg et de Saint-Cheron.

Il est dix heures environ comme notre tête de colonne débouche sur la place Marceau.

Peu après, l'artillerie ennemie ouvre le feu de ses positions de Luisant; nos marins et nos jeunes soldats ripostent vigoureusement. Les francs-tireurs de la Sarthe sont massés à l'extrémité du boulevard Chasles, d'où ils écoutent, anxieux, les bruits rapprochés du combat, impatients d'y prendre part à leur tour. La lutte est vive, mais de courte durée. Elle cesse tout à coup... « *Pourquoi?* »

A peine nous sommes-nous adressé cette question, qu'une voiture, sur laquelle flotte un drapeau d'*ambulance*, passe rapidement devant nous : elle emmène le préfet et le maire. Il est midi et demi.

« *Vous n'allez pas vous rendre, au moins?...* » crient les francs-tireurs avec animation. Plusieurs même ont abaissé leurs armes et s'apprêtent à faire feu.

« *Non, mes braves amis, vous pouvez être tranquilles!* » répond M. E. Labiche.

Une demi-heure ne s'était pas écoulée, que nous apprenions que le préfet venait de conclure avec le général Wittich une convention en vertu de laquelle les troupes régulières et irrégulières pourraient quitter la ville, qui ne serait frappée d'aucune contribution en argent, et que les réquisitions en nature ne devraient être faites que par l'intermédiaire de la municipalité.

Consterné et indigné tout ensemble à cette nouvelle si inattendue, je cours trouver le colonel Duval. Ce loyal et brave soldat me confirme, les larmes aux yeux, l'horrible vérité.

Je le prie, je l'adjure, de ne pas consentir à ce que 12,000 hommes, pleins d'ardeur et de patriotisme, se retirent ainsi honteusement, sans avoir tenté un suprême et dernier effort. Je m'exalte, je me passionne : peine inutile!

Et cependant « LE DEVOIR! » le colonel Duval a su le pratiquer toujours durant sa longue et brillante carrière de marin; il voudrait pouvoir obéir à sa conscience ; il voudrait pouvoir mourir avec nous, à notre tête ! mais non !

« *Mon cher Foudras*, me dit-il avec douleur, *Chartres ne doit pas être défendu : le conseil municipal en a décidé ainsi hier soir... et moi, moi, chef militaire, je suis forcé d'accepter cela... c'est affreux !* »

J'ai tenu à donner ces détails et à citer ces paroles, afin qu'on puisse apprécier à leur juste valeur des événements et des actes qui ont été dénaturés jusqu'ici.

Oui, l'administration civile est *seule responsable* devant l'histoire de l'incroyable catastrophe qui s'appelle la « *reddition de Chartres* ». On a prétendu le contraire, il est vrai ; on s'est retranché derrière les délibérations qui ont été prises le 20 au soir et dans la nuit, à l'Hôtel de ville ; on a invoqué, et le jugement du général Dejean, en 1814, et celui des « *gens sages* » de 1870 ; *on n'a pas compris* que nous ayons fait *dix* lieues, tandis que nous n'en avions que *quatre* à parcourir de Maintenon à Chartres, en passant par Jouy et Saint-Prest. Plus encore : on a été jusqu'à accuser de faiblesse des officiers honorables... Tout cela est inexact, mensonger! et j'ajoute :

Les défaillances n'ont pas été pour l'armée, le 21 octobre : au-dessus et autour de nous étaient les habiles, les prudents et les peureux.

... Les troupes ne tardent pas à commencer leur mouvement de retraite. Ce mouvement est même si précipité, que nous n'avons pas le temps de reprendre nos bagages, déposés le matin à l'*Hôtel du Grand-Duc de Chartres.* Comme la veille, les francs-tireurs de la Sarthe et une section de marins ouvrent la marche : nous nous dirigeons sur Châteauneuf par la forêt de Bailleau-L'Évêque.

La journée est magnifique ; un soleil splendide inonde de ses rayons lumineux la route que nous suivons et sur laquelle scintillent au loin des milliers de baïonnettes. On défile en bon ordre, mais tous les visages sont sombres :

chacun a le désespoir dans l'âme et la rage au cœur.

Quelques coups de canon se font entendre à notre gauche. Craignant que les Prussiens, revenant sur les clauses de la capitulation, n'essayent de nous tourner, j'ordonne aux francs-tireurs et aux marins de se déployer en tirailleurs. J'invite en même temps le chef du bataillon de mobiles qui vient immédiatement après nous à faire marcher ses hommes en colonne serrée par division, afin d'être prêt à nous soutenir en cas d'attaque. L'artillerie est aussi, par mes soins, mise en batterie sur notre droite. Mais l'ennemi ne paraît pas.

Nous entrons vers les quatre heures dans la forêt de Bailleau-l'Évêque : nous avions fait douze kilomètres. Je devais attendre là le colonel Duval.

Les francs-tireurs de la Sarthe sont envoyés en reconnaissance dans différentes directions : partout, le pays est tranquille. Lorsque nous nous remettons en marche, nous sommes devenus extrême arrière-garde. J'ai pour mission de m'arrêter au village de Dangers, moitié chemin de Chartres à Châteauneuf, et de surveiller de ce point tous les mouvements de l'ennemi.

Nous arrivons à Dangers dans la soirée; les postes et les grand'gardes sont aussitôt établis. Malgré la fatigue qui nous accable, personne ne pense à dormir : notre responsabilité est grande, et les plaies de la matinée sont encore si vives.

22 octobre. — Nous quittons le village de Dangers à cinq heures du matin : aucune troupe ennemie n'est signalée aux environs. Deux francs-tireurs déguisés partent pour Chartres.

La ville de Châteauneuf, où nous rallions vers les neuf heures le *corps d'observation d'Eure-et-Loir*, regorge de soldats, car à nos bataillons sont venus s'adjoindre ceux qui occupaient Dreux [1]. Le colonel Duval ne sait s'il doit se

---

[1] Ces troupes rentrèrent le lendemain à Dreux, qui ne fut occupé que plus tard par les Prussiens.

maintenir dans la position de Châteauneuf, ou bien chercher à gagner Nogent-le-Rotrou. On assure que la Loupe est déjà au pouvoir des Prussiens.

A la nouvelle que le département de la Sarthe est sérieusement menacé, je me dis : « *Nom oblige!* » Mon devoir n'est-il pas, en effet, de courir au secours des nombreuses familles dont les pères, les maris ou les enfants sont mes compagnons d'armes? Je n'hésite pas un instant.

Le colonel Duval, auquel je fais part de ce désir, m'accorde l'autorisation que je lui demande, en ajoutant des paroles bien flatteuses pour le bataillon que j'ai l'honneur de commander. Nous pourrons partir le même soir.

Si nous nous séparons ainsi de braves camarades, au milieu desquels nous avons vécu, avec lesquels nous avons partagé, et la souffrance morale du citoyen qui voit son pays envahi par des hordes barbares, et la fatigue de longues marches incessantes, et le danger que la mort a souvent coudoyé; si nous quittons des chefs qui ont toute notre confiance, du moins c'est avec l'espérance de les retrouver un jour, et, avec eux, de venger l'affront sanglant fait à notre drapeau sous les murs de Chartres [1].

Mes deux francs-tireurs avaient pu s'introduire dans cette malheureuse ville, si paisible d'habitude. Elle avait l'aspect d'une place de guerre : dans ses rues, sur ses places et sur ses promenades étaient braquées d'innombrables pièces de canon; partout le pauvre citadin était insulté, brutalisé par les soldats arrogants de von Wittich, du prince Albert de Prusse et du

[1] Les troupes qui composaient le corps d'observation d'Eure-et-Loir furent successivement versées : le 63º de mobiles (Eure-et-Loir) et le 6º bataillon de mobiles d'Ille-et-Vilaine, au 21º corps; le 74º de mobiles (Lot-et-Garonne), au 17º. J'ignore ce que devinrent les francs-tireurs de Cognac. Du reste, cette compagnie, forte d'une trentaine d'hommes au plus, avait toujours opéré isolément. M. le capitaine de frégate F. Du Temple, nommé général au titre auxiliaire; les lieutenants-colonels Perottin, Brunet de La Charie, de La Marlière et Falcon; les commandants Étasse, de Castillon et Sisson, mes anciens chefs ou camarades de Maintenon, ont tous brillamment marqué à l'armée de la Loire.

colonel Heiduck. Chartres avait été occupé la veille à quatre heures et demie.

Le colonel Schmidt était aussi maître de Maintenon, d'où il avait lancé ses colonnes sur les villages de Jouy et de Saint-Prest : là, 1,500 Allemands avaient été arrêtés pendant près de quatre heures par une petite poignée de gardes nationaux. Eux, du moins, avaient dans les veines le vieux sang français !

. . . .

Tels furent les débuts des francs-tireurs de la Sarthe. Les volontaires qui composaient ce petit bataillon avaient montré, en plusieurs circonstances, des qualités de vigueur et d'aplomb qui leur faisaient le plus grand honneur.

Les officiers étaient actifs, pleins de zèle et d'ardeur ; ils avaient appris à juger promptement et sûrement les situations difficiles qui se présentaient journellement à eux : rien ne les arrêtait ni ne les embarrassait. Dans les habitudes ordinaires de la vie, ils étaient bien élevés ; dans

le service, je les trouvais toujours ponctuels ;
ils savaient parler à leurs hommes, les encou-
rageaient, les entraînaient ; en un mot, ils don-
naient l'exemple en toutes choses.

Quant aux sous-officiers et aux francs-tireurs,
ils avaient compris et aimé, dès le début, le
métier aventureux du soldat-partisan, traversé
par mille dangers et rehaussé par mille satis-
factions : les unes ostensibles et publiques, les
autres humbles et mystérieuses. Solides au feu,
durs à la fatigue, faciles à conduire, d'un dévoûment sans bornes pour leur commandant,
je ne pouvais douter, les ayant vus à l'œuvre,
que ces hardis compagnons ne continuassent ce
qu'ils avaient si bien commencé.

Le bataillon comptait alors 400 hommes.

Pendant son séjour à Maintenon, il n'avait
perdu que deux hommes : le premier, tué au
bois des Fourches, le 6 octobre, par un garde
mobile maladroit ; le second, décédé à l'ambulance, à la suite d'une fluxion de poitrine. Il
n'avait eu qu'un seul blessé : le franc-tireur

Herbault, de Sillé-le-Guillaume (Sarthe), frappé d'une balle au pied gauche, à l'attaque du convoi, le 16 octobre.

La Providence nous avait certainement protégés.

II

MARCHES ET CONTRE-MARCHES

LES AVENTURES DU CURÉ DE VERDES

II

MARCHES ET CONTRE-MARCHES

Les Aventures du Curé de Verdes

M ON intention, une fois rentré dans la Sarthe, était d'aller prendre position à la Ferté-Bernard, limite de ce département et de celui d'Eure-et-Loir, et de surveiller de là la partie du pays qui s'étend de Nogent-le-Rotrou à Mondoubleau.

Nogent-le-Rotrou était occupé par des forces françaises sous les ordres du colonel Rousseau, et de Vibraye à Mondoubleau rayonnaient les

5

compagnies de francs-tireurs du commandant Charles de Vauguyon. En m'établissant à la Ferté-Bernard, je reliais par conséquent entre eux ces deux corps, en même temps que je pouvais, à un moment donné, entraver la marche de l'ennemi, s'il eût cherché à pénétrer dans la Sarthe par la route départementale qui conduit de Brou à la Ferté, en passant par Authon et Courgenard.

Mais avant de gagner ce poste, comme le bataillon avait le plus grand besoin de se refaire, je me dirigeai d'abord sur Alençon, voulant profiter de mon passage dans cette ville pour réparer le désordre inévitable qu'une vie non interrompue au milieu des bois et sur les routes avait apporté dans la tenue des hommes.

22 et 23 octobre. — Nous quittons Château-neuf à neuf heures du soir. Après avoir marché toute la nuit par un temps affreux, nous être successivement arrêtés à Maillebois et à Brezolles, nous arrivons dans la matinée à Verneuil (Orne). Un train spécial nous mène dans la journée à Alençon, où un sympathique accueil nous est fait par le général de Malherbe, le préfet et toute la population : celle-ci tient à honneur d'héberger les francs-tireurs de la Sarthe.

Cela ne se pratiquait pas toujours ainsi dans l'Eure-et-Loir, où les habitants nous avaient souvent présenté un triste spécimen de l'espèce rurale. Lâches avec naïveté et intelligemment égoïstes, combien, parmi eux, avaient abjuré toute espèce de dévouement ! Ils partageaient également leur haine entre les Prussiens et nous : comme les premiers, nous étions des gens incommodes, des gâcheurs de paille et des brûleurs de bois. La guerre, au fond, ne regardait pas les paysans, qui ne l'avaient jamais demandée et qui la détestaient. Ce qui touchait surtout ceux dont je parle, c'est que l'innocent payait pour le coupable : les champs du pauvre étaient ravagés ; sa grange, son fenil, son bûcher mis à sec ; ses poules et ses oies assommées au détour des rues. Non seulement ils se méfiaient des bons de réquisition, mais que de fois même ils ont repoussé les écus, obéissant à cet amour instinctif que tout petit cultivateur sent envers ses gerbes de blé et ses souches de peupliers! Leur disait-on qu'ils seraient pillés par les Allemands, ils faisaient la sourde oreille, et n'en cachaient pas moins leurs provisions. Pour eux, tout soldat qui avait besoin de quelque chose était un ennemi.

Aussi fûmes-nous doublement reconnaissants à la population d'Alençon, qui nous reçut comme si nous eussions été pour elle des amis de vieille date.

24, 25 et 26 octobre. —Je vais au Mans rendre compte au général Fiéreck des malheureux événements qui se sont passés à Chartres. Cet officier général approuve ma détermination et nous accorde trois jours de repos.

Pendant ces trois jours, un certain nombre de volontaires viennent encore grossir nos rangs.

Ces nouveaux enrôlés appartenaient tous au *peuple*, à ce peuple bon, honnête, laborieux, dévoué, que la patrie, aux heures solennelles, n'appelle jamais en vain. Un de ces hommes était manchot. Mon premier mouvement avait été de le refuser ; toutefois, son désespoir me parut si sincère et si profond, ses instances furent si vives, il m'affirma si bien qu'il « *tuerait des Prussiens tout comme les camarades* », que je finis par l'accepter parmi nous. Il se nommait Mandonnet, et c'était un adroit tireur, malgré son infirmité.

L'article suivant est publié par le *Journal d'Alençon :*

« Le bataillon des francs-tireurs de la Sarthe,
« sous le commandement de M. de Foudras, est
« arrivé hier à Alençon pour se ravitailler.

« Ce bataillon se trouvait à Chartres au
« moment de l'entrée des Prussiens. Il faut
« entendre les soldats, pour être édifié sur la
« conduite des autorités en général et du pré-
« fet en particulier, et cependant ce n'est pas
« un préfet de l'empire. Ce n'est que cris de
« colère contre une administration impré-

« voyante, qui a eu la sottise de concentrer des
« forces considérables, alors qu'elle n'avait pas
« l'intention de résister et que ces forces pou-
« vaient être gravement compromises.

« Si la position de la ville ne lui permettait
« pas d'opposer la moindre résistance à un
« corps de troupes important, ce que nous
« admettons volontiers, il ne fallait pas y con-
« centrer des défenseurs venus de loin et sur-
« tout les fatiguer inutilement. M. E. Labiche
« devait, le bon sens l'indique, couvrir Chartres
« en défendant Châteaudun à outrance. Peu
« s'en est fallu que les Allemands n'aient subi
« un échec devant cette héroïque petite ville,
« défendue par 1,500 hommes au plus ; ils au-
« raient été infailliblement battus si les troupes,
« appelées de Maintenon à Chartres, avaient été
« envoyées à Châteaudun. Mais jusqu'à la der-
« nière heure, mobiles, marins et francs-tireurs
« comptaient sur une affaire, et c'est au moment
« où les Prussiens sont en ligne de bataille
« qu'on les informe que Chartres ne se défendra

« pas. On se replie alors avant d'avoir eu le
« temps de prendre ses bagages. Aussi les
« francs-tireurs de M. de Foudras nous sont-ils
« arrivés à peu près dénués de tout.

« On dit que M. E. Labiche est revenu de
« Tours « *très satisfait* ». Il faut qu'il ne soit
« pas difficile ! »

J'ai jugé utile de transcrire cet article, car,
quelques jours plus tard, il devait servir de
prétexte pour déverser sur nous le mensonge et
la calomnie.

27 octobre. — Départ d'Alençon par les voies
rapides ; nous arrivons à la Ferté-Bernard le
même soir. Le cri de : *Vive la France !* avait
retenti bien souvent pendant le trajet : on était
si heureux en pensant qu'on allait les revoir
bientôt, ces maudits !

28 et 29 octobre. — Le colonel Rousseau,
auquel j'avais envoyé un officier pour le prévenir de notre arrivée, me fait savoir qu'il a
des troupes en nombre suffisant pour surveiller
les mouvements de l'ennemi, soit en avant de

Nogent-le-Rotrou, soit sur la droite et sur la gauche de ses positions ; il m'engage, en conséquence, à me porter dans la direction de Saint-Calais. Les nouvelles militaires ne présentent, du reste, que peu d'intérêt sur toute l'étendue de la limite du département d'Eure-et-Loir : on signale des reconnaissances sur différents points, mais ces démonstrations n'ont aucun caractère inquiétant ; le gros des forces prussiennes n'a pas quitté Chartres.

Deux vagabonds sont arrêtés à la Ferté. La résistance qu'ils ont essayé d'opposer et leurs réponses évasives m'ayant mis en défiance, j'ordonne que ces hommes soient immédiatement traduits devant une cour martiale. Celle-ci, composée d'officiers du corps et d'un capitaine de la garde nationale, croit devoir les acquitter, les preuves de culpabilité ne lui paraissant pas assez démontrées ; mais, par mesure de précaution, elle décide que les inculpés seront remis entre les mains de la gendarmerie.

M. le préfet d'Eure-et-Loir m'écrit pour me demander de rectifier « les inexactitudes » publiées en notre nom dans le *Journal de l'Orne. Ce n'est qu'à cette condition* qu'il m'autorisera à faire prendre nos caisses d'armes et de munitions qui ont été évacuées de Chartres sur Nogent-le-Rotrou. Le capitaine Fleury ramène cependant ces caisses, et je ne juge pas à propos de démentir l'article auquel le bataillon des francs-tireurs de la Sarthe est complètement étranger.

Nous apprenons l'affreuse nouvelle de la capitulation de Metz.

« *Il n'y a plus de patriotisme en France !* » me disait à cette occasion un des ardents de l'endroit.

Ce *pur*, à l'exemple de beaucoup d'autres, jetait gratuitement l'injure à de braves soldats qui venaient de lutter un contre dix. Chauvin de cabaret, se fût-il jamais douté que nous aurions à soutenir une retraite de deux mois dans une neige épaisse et durcie par la gelée, sans vêtements, sans souliers, sans abri ?

30 octobre. — Nous quittons la Ferté-Bernard à neuf heures du matin.

Le préfet du département nous rejoint à Vibraye, où se trouvent les francs-tireurs sédentaires de la Sarthe du commandant de Vauguyon. Des discussions d'une certaine gravité survenues dans ce corps ont nécessité la présence de M. Georges Le Chevalier. Ce dernier nous fait un discours bien diffus, après lequel nous continuons notre route vers Saint-Calais.

Cette route est montueuse et pittoresque. Nous traversons la forêt de Vibraye, dont nous troublons le silence par nos chants, que les échos répercutent au loin[1]. Autour de nous, les arbres sont dépouillés, hérissés. La nuit nous surprend, chacun presse le pas, tout en contemplant avec admiration une grande aurore boréale qui embrase le ciel d'une lueur rouge.

---

[1] Nous donnons à la note B le *Chant des volontaires de la Loire,* strophes patriotiques, œuvre d'un poète manceau dont nous avons toujours ignoré le nom. Ce chant n'avait pas tardé à devenir populaire dans l'armée et parmi les populations de l'Ouest.

Les anciens eussent-ils pris cela pour un bon ou pour un mauvais présage ?...

31 octobre et 1er novembre. — Ce n'est pas encore à Saint-Calais que nous devrons nous établir.

L'armée de la Loire était définitivement constituée. Commandée par le général d'Aurelle de Paladines, ses divisions s'échelonnaient de la forêt de Marchenoir à Blois : les 2e et 3e du 15e corps entre Avaray et Lussay ; les 1re et 2e du 16e, de Seris à Roches. Ces dernières avaient pour se garder, à Droué, les francs-tireurs de la Haute-Loire ; dans la direction de Morée les francs-tireurs de Paris, et à Saint-Laurent-des-Bois et Villegruau les francs-tireurs du commandant Liénard (Seine-et-Marne, Indre-et-Loire et Calvados).

En apprenant ces précieux renseignements, je résolus aussitôt de me porter sur Cloyes, distant de quelques lieues à peine de Châteaudun, non occupé par les Allemands, mais que leurs reconnaissances visitaient presque journellement. Placé là, je resserrais la ligne des éclaireurs du 16ᵉ corps, et nous ne pouvions tarder beaucoup à nous mesurer de nouveau avec l'ennemi.

Ainsi *l'armée de la Loire*, dont bien des gens niaient encore la formation, existait puissante et pleine d'ardeur, et un hasard heureux avait voulu précisément que nous dirigeassions nos pas de son côté.

La joie débordait des cœurs; il nous semblait que nous n'avions jamais autant aimé notre belle patrie : il est vrai qu'elle était si malheureuse !

Je donne l'ordre aux 1ʳᵉ et 2ᵉ compagnies de se porter dès le lendemain sur Cloyes, en passant par Bahay, Baillon et Mondoubleau; le reste du bataillon devait suivre vingt-quatre heures après.

2 novembre. — Deux francs-tireurs de la 2ᵉ compagnie ayant, sous l'influence de nombreuses libations, refusé de marcher, je n'hésitai pas à les traduire devant la cour martiale, convoquée extraordinairement. La répression de pareils faits devait être immédiate.

Je vais à Vendôme, où le sous-préfet me confirme les nouvelles relatives à l'armée et aux positions qu'elle occupe. Le nom du général d'Aurelle de Paladines est dans toutes les bouches : on loue sa fermeté ; on fait l'éloge de ses capacités militaires ; on dit que ses troupes sont disciplinées et qu'elles ont à leur tête des généraux entreprenants, habiles ; enfin, on croit que les opérations ne tarderont pas à commencer, et cette pensée, tout le monde la caresse, car chacun a confiance dans le succès de nos armes.

3 novembre. — La cour acquitte les francs-tireurs Raimbaud et Dieumegarde. C'était, selon moi, montrer une indulgence bien fâcheuse pour l'avenir. J'en exprimai mon mécontentement au président et au capitaine rapporteur, et je fis à cette occasion l'ordre suivant :

« Les nommés Raimbaud et Dieumegarde,
« volontaires au bataillon, seront remis aujour-

« d'hui même à la gendarmerie, qui est chargée
« de les conduire au Mans.

« Le commandant demande au général de
« Négrier de vouloir bien infliger un mois de
« prison à ces deux hommes, et à l'expiration
« de leur punition, de les faire verser dans un
« régiment de marche.

« Le corps est en outre prévenu que la cour
« martiale ne fonctionnera plus au bataillon
« des francs-tireurs de la Sarthe. Ceux qui fail-
« liront désormais à leurs devoirs seront igno-
« minieusement chassés de nos rangs, après
« avoir subi des mains de leurs camarades un
« châtiment honteux et public.

« Que les indisciplinés, les ivrognes et les
« maraudeurs se disent bien que le comman-
« dant sera inflexible à l'avenir. »

Je n'eus qu'à me louer de cette détermination : de toute la campagne, je ne fus forcé de
sévir qu'une seule fois.

Je pars de Saint-Calais à trois heures de
l'après-midi avec les 3e et 4e compagnies ; nous

prenons la route ordinaire par Marolles et Sargé. Il est déjà tard lorsque nous traversons Mondoubleau, dont le vieux manoir et la belle tour se dressent avec une noble fierté au milieu des ombres de la nuit.

Des gens de l'endroit, profitant de notre passage, viennent me raconter que le château de la Gaudinière, demeure de M. le duc de La Rochefoucauld, *regorge* de Prussiens; finalement, ils m'engagent à faire arrêter ce « mauvais Français ». Pour toute réponse, je les menace de les emmener avec moi, ce qui paraît peu leur sourire.

Il va sans dire que le duc est le bienfaiteur du pays... Pauvre humanité!

4 novembre. — Cloyes est une petite ville de 2,000 à 2,500 âmes du département d'Eure-et-Loir.

La municipalité, encore sous le coup des terribles événements de Châteaudun, se figurait à chaque instant voir arriver les Prussiens; aussi, effrayée à l'idée des représailles que pouvait leur attirer le séjour de troupes dans leurs murs, ne nous reçut-elle qu'à contre-cœur. D'autres cependant nous y avaient précédés et occupaient les environs : c'étaient deux bataillons des mobiles du Gers et les francs-tireurs des Hautes-Pyrénées. Les premiers gardaient la route de Vendôme, à un kilomètre de Cloyes ; les seconds, cinquante hommes au plus, surveillaient, à la même distance, la route de Châteaudun.

La veille, le sous-lieutenant Yence, de la 2ᵉ compagnie, avait été aux informations dans cette ville. Muni d'un *laisser-passer* parfaitement en règle, et méconnaissable sous un costume d'emprunt, il s'était acquitté adroitement de sa mission ; il avait même pu s'entretenir assez longuement avec un officier de cuirassiers bavarois.

Tous les deux jours, entre dix et onze heures du matin, un détachement de cavalerie, en nombre plus ou moins considérable, arrivait à hauteur du faubourg d'Orléans. Là, il s'arrêtait, établissait ses postes et ses vedettes, faisait fouiller les alentours par ses éclaireurs ; puis, lorsqu'on avait la certitude qu'aucune embuscade n'était à craindre, un officier se rendait à la mairie pour toucher les réquisitions de toutes natures commandées d'avance. Ces détachements venaient des camps de Tournoisis et de Saint-Sigismond.

Ainsi renseigné sur les faits et gestes de l'ennemi, je décide que le bataillon quittera Cloyes dans la nuit. Mon intention est d'aller m'établir dans une grande ferme, de l'autre côté de Châteaudun, sur la gauche de la route que suivent habituellement les Allemands, de nous y tenir cachés jusqu'à leur passage, et de nous précipiter sur eux, de façon à les refouler vers les jardins, l'abattoir et les bâtiments de la gare, où les compagnies du Gers, que je compte emmener avec moi, les attendront. Je dois bientôt abandonner cette dernière combinaison : le lieutenant-colonel des mobiles est absent, et le commandant qui le remplace ne juge pas à propos de me donner les hommes que je lui demande pour concourir à ce coup de main. Je suis plus heureux dans ma démarche auprès des francs-tireurs des Hautes-Pyrénées : ces braves camarades acceptent avec empressement l'offre que je leur fais de se joindre à nous.

La garde nationale de Cloyes avait été désarmée. J'exige que les armes soient immédiatement rendues, et que les gardes nationaux aient à reprendre leur service accoutumé. Le maire s'y refuse, prétendant que cette mesure sera le signal d'un sauve-qui-peut universel. Je n'en renouvelle pas moins mon ordre, et, par mesure de précaution, je fais publier que personne ne pourra sortir de la ville sans être muni préalablement d'une permission signée par un officier délégué à cet effet.

J'informe en même temps par dépêche M. le ministre de la guerre de l'incroyable conduite du maire de Cloyes.

La réponse suivante me parvenait dans la soirée :

« *Le ministre de l'intérieur et de la guerre à*

« *commandant de Foudras, Cloyes.*

« Vous êtes autorisé à agir avec une extrême
« fermeté et à prendre les mesures de rigueur
« que comporte la situation.

« *Signé :* GAMBETTA. »

Mais tout s'était arrangé dans l'intervalle, et
des citoyens dévoués faisaient bonne garde à
l'heure où nous quittions Cloyes pour nous diriger sur Châteaudun.

5 novembre. — Nous marchons dans un profond silence ; aucun bruit ne trouble le calme
qui règne tout autour de nous. De temps en
temps, nous apercevons des lumières qui illu-
minent l'horizon d'une lueur fugitive : c'est une
fusée qui s'élève rapide vers le ciel dans la direction de Tournoisis ; ou bien c'est une lan-
terne qui paraît et disparaît au loin, véritable
feu follet qui court sur la lisière des bois ou sur
la crête des collines. Ces lumières sont évidem-

ment des signaux de l'ennemi. Parfois aussi, nos pas, en frappant le sol, font jaillir des étincelles : il n'y a pas non plus à en douter, du phosphore a été répandu avec intention sur la route. L'Allemand a les ruses de l'Indien : s'en serait-on jamais douté ?

Le jour commence à peine quand nous atteignons les premières maisons de Châteaudun, que nous traversons rapidement. L'aspect de cette héroïque cité est navrant ! Ici, l'incendie a fauché, dévoré ; ailleurs, le fer a broyé, anéanti ; partout on voit des décombres et des ruines : une rue surtout n'est plus qu'un amas informe de pierres calcinées... c'est affreux et terrible[1] !

La ferme où nous prenons position est située à 200 mètres au plus de la route. Des granges,

[1] Châteaudun s'est assez promptement relevée de ses ruines. De nombreuses souscriptions sont venues en aide à ses héroïques habitants, facilitant la noble tâche de Mlle Amanda Polouet, le bon ange de la valeureuse cité, qui, après avoir été sublime de courage et de dévouement, le 18 octobre 1870, consacre aujourd'hui sa fortune à soulager les malheureux et à cicatriser les plaies de ses concitoyens.   (*Note de cette nouvelle édition.*)

des écuries et des étables servent à cacher mes hommes, qui ne sortiront de là que lorsque le moment d'agir sera venu : l'un des nôtres, vêtu en paysan, et qui dirige gravement une charrue dans un champ avoisinant, observe attentivement le point par où doivent déboucher les cavaliers ennemis.

Mais nos espérances sont trompées ; les heures s'écoulent, et les Prussiens ne paraissent point.

C'est avec un vif regret que nous regagnons notre cantonnement ; tout le monde est de mauvaise humeur : nous pensions si bien « *les pincer !* »

Nous trouvons à Cloyes les francs-tireurs de Paris que commande le comte Lipowski. Nombreux, ardents, intrépides, c'est avec un juste orgueil qu'ils nous racontent leur belle défense de Châteaudun contre les 10,000 vandales du prince Albert, des généraux Wittich, Hontheim, Kronski et du colonel Fœrster. La lutte qu'ils ont soutenue le 18 octobre les couvre de gloire, et que de nouvelles haines elle a amassées dans leurs cœurs !

Un de mes officiers part pour Marchenoir ; il est porteur d'une lettre pour le général Chanzy, qui a remplacé depuis le 2 le général Pourcet dans le commandement du 16e corps [1]. J'informe le général de notre présence à Cloyes, et lui transmets divers renseignements que j'ai recueillis, concernant les camps de Tournoisis, Saint-Sigismond et Saint-Péravy. Suivant des bruits assez accrédités, ces camps, qui ne sont qu'à quelques lieues de nous, doivent être levés très prochainement.

---

[1] D'une prodigieuse activité, le général Pourcet, qui commandait précédemment la division d'Alger, avait organisé en quelques jours le 16e corps. Mais il eut « le tort », paraît-il, de critiquer le manifeste de l'omnipotent Gambetta, lors de la capitulation de Metz, et fut immédiatement remplacé par le général Chanzy. Toutefois, on le replaça à la fin de la campagne à la tête du 25e corps, qui tira les derniers coups de canon contre l'ennemi devant Blois, le 28 janvier 1871. — Le brave général Cambriels, un des glorieux blessés de Sedan, mis à la tête de la première armée de l'Est, devait, quelques jours plus tard, subir le même sort, à la suite de violentes attaques de la presse radicale, qui l'accusait d'avoir « manqué d'égards » envers le condottiere Garibaldi, « le fougueux soldat d'Aspromonte et de Mentana ! »

6 et 7 novembre. — Le lieutenant-colonel Lipowski renouvelle dans la matinée ma tentative de la veille. Plus heureux que nous, et appuyé cette fois par les mobiles du Gers, il a la bonne fortune de surprendre 200 cuirassiers, qui, attaqués vigoureusement, n'échappent qu'à grand'peine à une destruction complète : 25 des leurs restent sur le terrain.

Vers minuit, un habitant du petit village de Verdes (Loir-et-Cher) accourt à Cloyes. Amené auprès de moi, il m'apprend d'une voix suffoquée par l'émotion qu'une patrouille ennemie s'est présentée dans le courant de la journée ; que les gardes nationaux, décidés à ne pas supporter plus longtemps ces exactions, ont tiré sur elle, et tué un de ses hommes ; que ceux ci, pour se venger, ont arrêté le curé, qui revenait d'un hameau voisin, et l'ont emmené avec eux ; enfin, il y avait deux heures qu'un exprès, arrivé de Saint-Péravy, avait apporté au maire une lettre du général prussien, par laquelle il ordonnait la remise immédiate de son soldat mort ou vivant, sous peine d'un châtiment terrible pour la commune si l'on n'accédait pas à sa demande.

« Qu'allons-nous devenir, monsieur le commandant ? ajouta ce malheureux avec désespoir, car le cadavre, nous ne l'avons plus : on l'a transporté à Autainville... et demain ces misérables seront chez nous... Venez à notre secours! tous, nous vous seconderons de notre mieux. »

Il n'y avait pas de temps à perdre.

Les francs-tireurs de la Sarthe furent promptement réunis, et, peu après, ils partaient pour Verdes, où je les devançai avec le paysan.

On me communique quelques lignes du pauvre curé ; il confirme les menaces du chef allemand, et conjure ses concitoyens de ne pas aggraver davantage leur position et la sienne, en retenant prisonnier le cavalier qu'on croit n'être que blessé. En prévision de ce qui allait se passer, je fais dire au général Abdelal, qui commande à Autainville les avant-postes du 16e corps, que je prends mes dispositions pour repousser toute attaque, et que je le prie de m'envoyer du renfort.

Mes francs-tireurs arrivent; ils sont bientôt suivis d'un demi-bataillon du 39e de marche et d'un peloton de cavalerie mixte, sous les ordres du commandant Pereira[1]; ces troupes sont celles dont a pu disposer le général Abdelal.

Nos hommes sont postés dans toutes les cours des maisons, sous des hangars, derrière des murs, partout enfin où nous pouvons sûrement dérober leur présence. Aucune sentinelle n'est posée, et un officier, du haut du clocher, surveille la plaine à l'aide de sa longue vue.

Des escadrons de chasseurs sont aussi embusqués dans des bois, à une petite distance en arrière de Verdes. Leurs reconnaissances tra-

---

[1] Ce vaillant soldat, devenu général de brigade, est mort subitement au Mans, en février dernier. C'était un officier général jeune encore, qui aurait brillamment marqué à l'heure de la revanche. Son fils, lieutenant au 86e de ligne, le remplacera dignement. Le père du général Pereira est une des gloires de la ville d'Orléans.

(Note de cette nouvelle édition.)

versent le village à différentes reprises : elles ont pour objet d'attirer l'ennemi de notre côté.

Un peu avant onze heures, des détonations d'artillerie retentissent dans la direction de Saint-Laurent-des-Bois ; elles sont accompagnées de feux nourris et précipités de mousqueterie.

Que se passe-t-il ? Quel est celui de nos corps qui se trouve engagé ? Devons-nous quitter notre position et marcher au canon ?

Le commandant Pereira et moi, nous nous adressons ces questions, et d'autres encore, tout en écoutant le bruit de la fusillade qui continue sans interruption. Ce n'est pas un simple engagement qui se livre non loin de nous, mais un combat opiniâtre. Nous en suivons fébrilement toutes les phases : le bruit s'éloigne, puis semble se rapprocher en redoublant de violence ; cette fois, les mitrailleuses sont de la partie.

Nous maudissons cette inaction, et nous ne pouvons nous expliquer qu'aucun ordre ne nous soit parvenu.

Il est deux heures. La canonnade a sensiblement diminué, et ses grondements lointains ne s'entendent plus qu'à de rares intervalles.

Un cavalier apporte au 39e l'ordre de rallier à Autainville.

« *Tout va bien!* » nous dit ce soldat. On l'interroge; il nous apprend que le général Abdelal vient de rappeler ses escadrons, et que notre cavalerie s'est portée rapidement en avant. Nous en concluons que l'ennemi est poursuivi, et que nous avons les honneurs de la journée.

Peu d'instants après, l'officier que j'avais envoyé de Cloyes à Marchenoir me remettait la lettre suivante [1] :

« Marchenoir, 6 novembre 1870.

« MON CHER COMMANDANT,

« J'ai reçu la lettre par laquelle vous m'annoncez que vous vous trouvez à Cloyes avec « votre bataillon de francs-tireurs.

[1] Cette lettre était de la main du général Chanzy, qui, infatigable en tout, suppléait souvent son chef d'état-major.

« Je désire que vous vous portiez demain
« matin à La Ferté-Vilneuil, de manière à y
« arriver sur les dix heures. Vous vous relierez
« avec les francs-tireurs du colonel Lipowski,
« qui arriveront à la même heure à Thiville, et
« avec les francs-tireurs de la Gironde, qui
« seront rendus également à la même heure à
« Ouzouër-le-Doyen.

« Vous observerez *la direction de Verdes ;*
« mais je tiens à ce que vous ne fassiez pas
« d'autre mouvement avant d'avoir reçu de moi
« de nouvelles instructions, à moins, toutefois,
« que vous ne soyez appelé à Verdes par la
« présence de l'ennemi : dans ce cas, vous ne
« dépasserez pas ce dernier point.

« Le général commandant le 16ᵉ corps.

« *Signé :* CHANZY. »

Je remerciai le hasard qui m'avait amené à devancer les ordres du général en chef, et, me conformant à ses instructions, je me disposai à gagner La Ferté-Vilneuil, à 6 kilomètres de Verdes.

Nous quittâmes ce village, qui fut épargné ce jour-là, grâce sans doute au combat qui avait été livré, et qui n'était que le prologue d'un long et sanglant drame.

Le soir, à La Ferté, nous apprîmes, par des gens qui arrivaient de Binas, que nos troupes, après une lutte acharnée, étaient restées maîtresses du champ de bataille. Ces mêmes gens avaient aperçu un incendie considérable dans la direction de la route de Châteaudun à Beaugency, à hauteur de Mézières[1].

M. l'abbé Crosnier, curé de Verdes, échappa providentiellement à la mort dont il avait été menacé.

J'eus occasion de voir depuis ce digne prêtre, et voici en quels termes il me conta ce qu'il nomme, non sans raison, ses « *terribles aventures* » :

. . . .

« Vous vous souvenez, monsieur le com-

[1] Ce combat est celui de Vallière. L'incendie, c'était le village de Chantôme qui brûlait. Les Prussiens y mirent le

mandant, commença-t-il. que c'était le dimanche 6 novembre. Je revenais de dire une première messe à Membrolles : il pouvait être dix heures du matin, et je rentrais tranquillement chez moi, accompagné du père Houdet, brave homme âgé de soixante-douze ans. A trois kilomètres de Verdes, nous sommes rejoints par un détachement de cavalerie prussienne : c'étaient des cuirassiers. et ils pouvaient bien être une vingtaine.

« Le chef de cette petite troupe, un tout jeune officier, au visage blanc et rose comme celui d'un chérubin, m'aborde, et me saluant poliment :

« — Savez-vous, monsieur, me demande-t-il, s'il y a des soldats français à Verdes ?

« — Quand je suis parti à six heures, répondis-je, il n'y en avait pas.

« — En est-il venu hier ?

feu pour se venger de l'échec que leur firent éprouver les généraux Bourdillon et Abdelal. Ce fut la cavalerie de ce dernier qui décida du sort de la journée.

« — Oui, monsieur... environ une centaine, qui allaient en éclaireurs jusqu'à Membrolles.

« Et j'ajoutai :

« — Du reste, monsieur l'officier, vous n'ignorez pas, puisque vous connaissez déjà notre commune, que ses habitants ne veulent pas se défendre.

« J'avais parfaitement reconnu, dans celui qui me parlait, le chef que j'avais vu quatre jours auparavant à Verdes. »

— Tenez, monsieur le commandant, me dit alors l'abbé en interrompant son récit, peut-être pourrez-vous lire son nom qui est au bas de ce bon de réquisition.

Et M. Crosnier me tendit un chiffon de papier, sur lequel étaient écrites au crayon, en excellent français, ma foi ! ces lignes que je copie textuellement :

« BON pour :

« *quatre livres de tabac,*
« *50 bouteilles de vin,*
« *divers objets pour 50 francs,*
« *cent fers à cheval,*
  « *que le soussigné a reçus pour son*
  « *régiment.*

« Verdes, le 2 novembre 1870.

« K. Christmann. »

— Que Dieu lui pardonne ! fit lentement le curé, en m'entendant lire le nom qu'il n'avait pu parvenir encore à déchiffrer ; puis il continua :

« L'officier m'ayant remercié et assuré que, quoi qu'il advint, je n'étais pas responsable, fila sur Verdes avec son détachement ; moi et mon compagnon nous suivîmes à une certaine distance.

« Bientôt une partie des cavaliers s'arrête auprès d'un hameau, tandis que l'autre se porte rapidement vers le bourg, qui est cerné en un clin d'œil.

« Ne voulant pas nous retrouver au milieu des Prussiens, nous prenons bien vite un sentier détourné ; mais nous avions à peine marché 200 mètres, que des coups de fusil retentirent à l'entrée du village.

« Nous pensons que c'est la troupe française qui fait feu ; et, blêmes de terreur, craignant à tout instant d'être frappés par les balles, nous nous mettons à courir à travers champs... Ce fut notre perte.

« Deux cavaliers, lancés à notre poursuite, nous eurent promptement rattrapés, et nous entraînèrent entre leurs chevaux, en prononçant des paroles que nous ne comprenions pas, et en nous appliquant sur le dos des coups de plat de sabre que nous sentions bien... L'un de ces hommes, comme je trébuchais, me piqua même avec la pointe de son arme.

« Les éclaireurs avaient rallié leurs chefs. Celui-ci ordonne de nous attacher sur une charrette, que le détachement conduisait avec lui pour emporter ses réquisitions, puis on nous emmène !

« Qu'allait-on faire de nous ? Il n'était que trop facile de prévoir le sort qui nous attendait, surtout lorsque l'officier m'eut dit d'une voix courroucée :

« — Mauvais sujets à Verdes !... Canailles ! ont tiré sur nous !...

« J'essayai de protester au nom de mes compatriotes ; j'affirmai qu'ils n'étaient pour rien dans ce qui venait de se passer ; je demandai grâce pour eux... grâce pour le pauvre père Houdet, un vieillard ! mais je parlais à un Allemand féroce qui n'entendait pas ce français-là, et qui, à chacune de mes prières, répétait invariablement :

« — Mauvais sujets à Verdes !... Canailles ! ont tiré sur nous !...

« Enfin, nous arrivons dans un village appelé Champs, où était un petit camp prussien.

« Le chef du détachement alla faire son rap-

port au commandant. Aussitôt, plusieurs officiers entourèrent notre charrette. Je voulus
m'expliquer : on m'imposa silence ; je suppliai,
je conjurai en élevant les mains vers le ciel : on
me cria brutalement :

« — Descendez !... vite là ! contre ce mur...
fusillé !

« Plus morts que vifs, nous nous disposons
à obéir.... Ce mur, je le verrai toute ma vie : en
face de lui était déjà rangé un piquet d'infanterie, dont les hommes, le mousquet haut et le
doigt sur la détente, n'attendaient plus qu'un
signe pour faire feu... Quel cruel moment ! »

— Je le crois pardieu bien ! m'écriai-je à ces
dernières paroles, et remué jusqu'au fond de
l'âme par ce récit émouvant.

— Oh ! ce n'est pas encore tout, monsieur le
comte.

Et l'abbé Crosnier poursuivit :

« Je venais de faire mon acte de contrition,
lorsqu'un jeune lieutenant, s'approchant de moi,
me dit à voix basse :

« — Monsieur le curé, ne descendez pas... On va vous conduire à Saint-Péravy, et là, le général en décidera.

« Puis, se penchant à mon oreille, il ajouta :

« — Voyez-vous, monsieur, on a tué deux de nos hommes chez vous, et l'on est bien *fâché !*...

« L'officier se trompait en cette circonstance : le second cavalier, qui passait pour mort, n'avait été que démonté : il rentra au camp dans la soirée, ce que j'ai appris plus tard.

« Quelques instants après, tout s'était apaisé comme par enchantement, et nous roulions vers Saint-Péravy, escortés toujours par nos cuirassiers du matin.

« A Saint-Péravy, on nous descend à la gendarmerie, qui servait de poste aux Prussiens : là, on nous renferme immédiatement dans une chambre de sûreté. Nous voilà en prison. Pour lit, nous avons un peu de paille pourrie ; pour nourriture et pour boisson, nous n'avons rien du tout... Je n'avais pas mangé depuis la veille, six heures du soir ; quant au père Houdet, il avait, dans le courant de la matinée, ce qu'on appelle à la campagne « *cassé une croûte* ».

« Ce pauvre père Houdet ! j'étais tout de même bien heureux de l'avoir pour compagnon d'infortune. Ensemble, du moins, nous nous soutenions ; nous nous encouragions mutuellement ; nous élevions nos cœurs vers le Dieu de justice et de miséricorde ; il nous semblait enfin que, réunis, nous étions plus forts pour braver les insultes et les menaces.

« Et à Saint-Péravy, comme à Champs, les menaces ne tardèrent pas à retentir à nos oreilles, car une procession de curieux, officiers et soldats, était accourue pour nous voir, moi surtout, comme une bête curieuse.

« Toi, pasteur, *capout !* » vociféraient à tour de rôle ces forcenés. Les gestes qu'ils faisaient étaient aussi significatifs et très intelligibles.

« Un peu avant la nuit, on nous annonça la visite du général : il entra accompagné d'un colonel. Je voulus de nouveau m'expliquer ; je donnai ma parole d'honneur que j'ignorais qui avait tiré sur la troupe prussienne, — j'étais loin de me douter que les coupables n'étaient autres que mes braves paroissiens, — et que je ne comprenais point pourquoi l'on me rendait responsable de cette affaire ; que, du reste, j'avais bien dit tout ce que je savais au chef qui m'avait arrêté, et que je n'avais nullement cherché à le tromper.

« — Si, monsieur, vous êtes responsable, me répondit le général. Oh ! c'est grave, fort grave !

« Et comme je protestais encore :

« — Silence ! fit-il avec colère. Demain, j'irai à Verdes avec plusieurs bataillons et six canons, et je brûlerai le village : il ne restera pas une maison debout.

« Là-dessus, ce méchant homme se retira.

« Plus que jamais, monsieur le commandant, je me croyais bien à ma dernière journée, surtout quand, vers les sept heures, notre porte s'ouvrant avec fracas, j'entendis ces mots terribles :

« — Pasteur, suivez les soldats !

« Mais je ne tardai pas à être rassuré. Ce fut au château, auprès du général, que l'on me conduisit.

« — Monsieur, me demanda brusquement celui-ci, persistez-vous toujours à soutenir qu'il n'y avait pas ce matin de troupe française à Verdes ?

« — A l'heure où j'en suis parti, non, général, dis-je simplement.

« — Des rapports que j'ai sous les yeux me signalent cependant la présence dans le pays des corps Lipowski et Foudras, et il est évident pour moi, que ce... guet-apens ne peut être que l'œuvre de ces coquins. Ces maudits *freyschützen !* — francs-tireurs — plus nous en fusillons et en pendons, et plus leur nombre augmente !

« — Je n'ai, général, aucune connaissance des corps dont vous parlez. Je vous le répète, je suis sincère dans mes affirmations, et ne comprends rien...

« — C'est bon ! interrompit sèchement le redoutable chef allemand. J'ai déjà, continua-t-il, écrit à votre maire. Vous allez le faire aussi sous ma dictée, et si l'on n'obtempère pas à mes ordres, eh bien ! monsieur le curé, vous serez fusillé, *c'est mon droit !* et, à Verdes, les innocents, comme vous les appelez, pâtiront pour les coupables.

« Je dus obéir, et c'est cette lettre, monsieur le comte, qui vous fut communiquée à votre arrivée au village par M. le docteur Boullay.

« Ma lettre terminée, on me ramena à la gendarmerie.

« Quelle nuit pleine d'angoisses nous passâmes ! Épuisés de fatigue et de besoin, sans une goutte d'eau pour calmer la soif ardente qui nous dévorait, la tête en feu et le corps grelottant de fièvre, tantôt à genoux, tantôt assis sur notre paille infecte, nous écoutions anxieux les bruits du dehors. Parfois, à un doux souvenir du passé, — ma vie avait toujours été si calme et si heureuse ! — oubliant pour un instant mes atroces souffrances et l'horrible réalité, je me prenais à revivre, à croire que tous ces événements n'étaient qu'un rêve, un affreux cauchemar !

« Mais, tout à coup, les pas nombreux d'hommes et de chevaux qui retentissaient sous notre unique fenêtre, le cliquetis saccadé des sabres sur le sol dur de la rue, les *Wer da !* sans cesse répétés des sentinelles, le galop rapide d'une ordonnance qui partait ou arrivait, tout cela, et même jusqu'aux heures que sonnait l'horloge du village, était pour moi comme autant de coups de poignard.

« La journée du lendemain se leva pour nous bien sombre, et, de minute en minute, nous nous disions : *Le général va-t-il mettre ses menaces à exécution ?...*

« Nous ne vîmes personne ! nous ne sûmes rien !

« Le soir, cependant, on nous apporta un énorme pain noir et trois litres d'eau... J'essayai de questionner notre gardien : il ne me répondit que par des injures et en me montrant le poing.

« La seconde nuit fut en tous points semblable à la première. Encore aujourd'hui, je me demande comment je ne suis point devenu fou.

« Le mardi, on relâcha mon compagnon de captivité. Ce brave homme se refusait à me quitter, et il fallut toute mon autorité de pasteur et d'ami pour le décider à se séparer de moi.

« Le mercredi 9, on me conduisit dès le matin à Boulay, où je restai tout le temps que dura la bataille de Coulmiers. En entendant tonner le canon sans interruption, je me doutais bien qu'une grande partie était engagée en ce moment, et je ne songeai plus qu'à prier Dieu pour la France et le succès de nos armes.

« On me ramena coucher dans ma prison, à Saint-Péravy ; mais je n'y demeurai que quelques heures. Réveillé en sursaut, je dus suivre les Prussiens qui fuyaient devant notre armée victorieuse.

« Enfin, monsieur le commandant, nous allions atteindre le petit village de Sougy, de l'autre côté de Patay, lorsque, jugez de ma surprise et de mon immense bonheur, le caporal à la garde duquel j'étais confié me dit en me frappant amicalement sur l'épaule :

« — Maintenant, monsieur, vous pouvez retourner chez vous !

« Je ne me le fis pas répéter, comme bien vous pensez. »

Chacun en eût fait autant que M. le curé de Verdes[1].

. . . .

8 novembre. — Je suis prévenu dans la matinée que le 16e corps fait un mouvement en avant. Les francs-tireurs de la Sarthe doivent quitter La Ferté-Vilneuil pour aller occuper

---

[1] Ce récit, auquel nous avons laissé toute sa simplicité, montre, une fois de plus, avec quel oubli de soi-même et quel courage inné chez lui le prêtre sait affronter la mort.

Prénouvellon, en passant par Lené et Membrolles.

Nous faisons halte à Membrolles. La population est dans la joie du succès de la veille ;
tous, ils espèrent bien ne plus revoir jamais ces
détachements de cuirassiers et de uhlans, qui,
depuis plus de trois semaines, n'ont cessé de
ravager le pays. C'est à qui nous fera fête, et
un cortège de femmes et d'enfants nous accompagne jusqu'en dehors du village.

Nous traversons des plaines immenses et
entièrement nues ; de loin en loin, à l'horizon,
se dresse un clocher ; sur la route, on ne rencontre ni une voiture, ni un piéton ; pas un tra-
vailleur ne se montre dans les champs : l'aspect
de cette vaste solitude, au-dessus de laquelle
plane un ciel sans nuages, est un spectacle d'une
tristesse poignante.

Prénouvellon, qui ne se compose que de
quelques maisons, avait beaucoup souffert des
exactions des Prussiens : tout y avait été sac-
cagé ou pillé.

Nous y trouvons le 6e dragons et le 6e hussards : ces régiments bivouaquent en arrière du village ; ils appartiennent au 15e corps et sont sous le commandement du général Tillon. Cet officier général ordonne aussitôt que deux compagnies des francs-tireurs de la Sarthe seront de grand'garde pendant la nuit, l'une dans un hameau sur la rive droite de Membrolles, l'autre à la ferme du Coudray : ces postes, reliés par de nombreuses vedettes, auront à surveiller la plaine dans les directions de Varize, Tournoisis et Saint-Sigismond.

Les 2e et 3e compagnies sont désignées pour marcher.

Après dix-huit jours d'interruption, nous allions reprendre notre dur, mais vrai métier, celui d'éclaireurs.

III

AUX AVANT-POSTES

III

AUX AVANT-POSTES

Le lendemain, l'armée de la Loire remportait sur les Bavarois, commandés par le général comte de Thann, la victoire de Coulmiers.

Ce brillant succès, dont la nouvelle bientôt répandue au loin enthousiasma tous les cœurs, venait de prouver de quel patriotisme et de quel courage étaient animés ces jeunes soldats qui, réunis en quelques semaines et ignorants pour la plupart des choses de la guerre, n'en avaient pas moins abordé un adversaire nom-

9

breux et redoutable avec l'aplomb et la solidité de vieilles troupes.

La lutte, commencée dans la matinée, ne s'était terminée qu'à la nuit, et avait eu pour résultat d'obliger l'ennemi à évacuer non seulement ses positions retranchées de Baccon, Coulmiers, Rosières, Ormeteau, Épieds, Gémigny, Champs et Saint-Sigismond, mais encore à quitter précipitamment Orléans, pour battre en retraite en arrière d'Artenay.

Je ne raconterai pas cette bataille. Elle a été décrite d'une façon trop complète par MM. les généraux d'Aurelle de Paladines et Chanzy, pour que je me permette de parler après eux des phases et des péripéties de cette grande et belle journée. Du reste, sauf quelques coups de fusil échangés peu après notre départ de Prénouvellon, à hauteur de Poiseaux, avec un escadron de cuirassiers, les francs-tireurs de la Sarthe ne prirent qu'une part très secondaire au drame sanglant du 9 novembre.

Chargés, de concert avec les francs-tireurs de

Paris, de reconnaître dès la pointe du jour les villages de Tournoisis et de Saint-Péravy, nous eûmes ensuite à observer la route de Château-dun à Orléans. A cet effet, nous occupâmes Villamblain, couvrant ainsi, concurremment avec la cavalerie du général Reyau, l'aile gauche de l'armée. Il était environ midi; l'action était devenue générale.

Vers cinq heures, nous nous portions de nouveau en avant dans la direction de Tournoisis. Au même moment, le général Reyau, qui avait eu le tort de s'écarter des instructions qu'il avait reçues et dont les escadrons avaient souffert beaucoup devant Saint-Sigismond, regagnait ses emplacements du matin; nous ayant aperçus et pris pour une colonne prussienne, il fit prévenir le général Chanzy que son flanc gauche était menacé.

Cette méprise impardonnable faillit nous être funeste, car le général Reyau avait ordonné à son artillerie d'ouvrir le feu sur nous. Fort heureusement l'erreur fut reconnue à temps; mais la nuit arrivait, et il n'était plus facile de se lancer à la poursuite de l'ennemi, qui nous échappa et se retira en bon ordre.

Sans les fautes que commit M. le général Reyau dans cette journée, les résultats déjà si considérables de la bataille de Coulmiers eussent incontestablement été immenses, et nous eussions marché sans encombre sur Paris.

Le 10, dans la soirée, les francs-tireurs de Paris et les francs-tireurs de la Sarthe occupaient Patay, abandonné peu d'heures auparavant par les troupes bavaroises. La veille, le bataillon de Foudras avait couché à Villamblain, tandis que le corps Lipowski était entré dans son cantonnement de Thiville.

A notre arrivée à Patay, toutes les portes étaient closes, pas un habitant n'osait se montrer, tellement on était encore sous l'empire des rigueurs de la domination prussienne. Notre premier soin fut de fortifier le village, et bientôt de hautes et solides barricades en défendirent toutes les issues.

La nuit se passa sur le *qui-vive;* le lendemain, une fausse alerte nous faisait prendre les
armes, mais tout se borna pour nous à une reconnaissance que quelques compagnies poussèrent jusqu'à Rouvray, et où plusieurs cuirassiers blancs et des uhlans furent enlevés par
nos hommes.

. . . .

J'interromps mon récit pour dire qu'à cette
même date, je lus dans le *Bulletin de la Répu-
blique française* qu'un corps de francs-tireurs
venait d'être dissous pour avoir manqué d'énergie devant l'ennemi.

Nous ne nous doutions guère que cette décision du ministre de la guerre, *monsieur* Gambetta, nous concernait; et cependant je ne tardai
pas à apprendre *indirectement* que c'était de
nous qu'il s'agissait. Indigné et me perdant en
conjectures sur ce qui pouvait nous être repro-
ché, je partis aussitôt pour Tours, après avoir
confié le commandement du bataillon à un de
mes capitaines.

9.

Après bien des démarches infructueuses au ministère, on me confirma enfin notre licenciement, sans toutefois consentir à me communiquer le rapport qui l'avait motivé. Chose incroyable! à l'heure où je rassemble ces *souvenirs*, je suis encore à ignorer la nature de cette plainte que, quelle qu'elle soit, je qualifie *d'infamie*.

Tout me donna à penser, d'après certaines conversations que j'eus avec des employés subalternes, car je ne pus obtenir d'approcher ni de M. Gambetta ni de M. de Freycinet, que c'était à Chartres — où nous n'avions pas été engagés — que l'on nous accusait d'avoir failli à notre devoir. J'entrevis là une vengeance de M. E. Labiche, préfet d'Eure-et-Loir, qui avait voulu nous punir de l'article du *Journal d'Alençon*, que j'ai cité précédemment et auquel, comme je l'ai déjà dit, je suis complètement étranger.

Courroucé de cette façon d'agir du gouvernement, je menaçai de réclamer par la voie de la presse, et j'allais publier dans les journaux de Tours une protestation énergique, quand le hasard me mit de nouveau en rapport avec M. Glais-Bizoin. Je lui fis part de mes ennuis et de mon projet d'ébruiter cette affaire, si justice ne m'était immédiatement rendue. Il s'engagea à me renseigner, chercha à me calmer, et, dès le lendemain, il m'apprenait que mon corps était maintenu et que je n'avais qu'à retourner à mon poste. La *légèreté* avec laquelle procédait le ministre ne me satisfit pas : j'insistai plus que jamais pour qu'une rétractation officielle parût au *Moniteur*. On se fit bien un peu prier; enfin M. Byse, chef du cabinet de M. de Freycinet, me soumit quelques lignes écrites en ma présence, me donnant satisfaction entière, et qui devaient être insérées le soir même.

Sur cette assurance, je rentrai à Patay, et ce ne fut que le 11 décembre, *un mois* après environ, que le *Moniteur* du 9 me tombant sous la main, j'y trouvai cette note :

« M. de Foudras, commandant des francs-

« tireurs de la Sarthe, *ayant continué* à faire
« son devoir devant l'ennemi, est autorisé à
« conserver le commandement dont il avait été
« relevé. »

Je dus me contenter de cette réparation bien
différente de celle que l'on m'avait promise. On
n'avait pas été plus juste à l'égard de mon
corps ; comme nous servions notre pays et non
un parti, mes braves volontaires et moi ne nous
décourageâmes pas, et redoublâmes au contraire de zèle et de courage.

. . . .

Le 12 , les positions de l'armée française
étaient :

Pour le 15ᵉ corps, — le grand quartier général
aux Ormes, — ses divisions s'étendant de Cer-
cottes à Gidy et Chevilly, ses réserves et ses
parcs aux Barres et aux Ormes ; une brigade à
Orléans.

Pour le 16ᵉ corps, — le quartier général à
Saint-Péravy, — la 1ʳᵉ division (amiral Jauréguiberry) établie de Saint-Sigismond à Coulimelle,

et de Saint-Péravy jusqu'à Boulay, par le Mesnil, Romilly, Coinces et Bricy. La 2e division (général Barry) de la ferme de Nuisement à la Haute-Épine, occupant les villages de Gémigny, Rosières et Coulmiers.

La division de cavalerie était campée entre Colimelle et Tournoisis, en arrière et parallèlement à la route de Châteaudun.

Les avant-postes du 16e corps, à partir du 13, furent répartis de la manière suivante :

A Patay, les francs-tireurs de Paris, les francs-tireurs de la Gironde et deux escadrons du 4e de cavalerie légère mixte.

A Péronville, les francs-tireurs de Saint-Denis ; à Terminiers (Eure-et-Loir), en avant de Patay, les francs-tireurs de la Sarthe, dont deux compagnies détachées à Sougy (Loiret), à proximité de l'ancienne route de Chartres à Orléans.

Cette ligne d'avant-postes, qui couvrait complètement le front du 16e corps, était sous le commandement du colonel Barbut, officier des plus vigoureux, un des héros de Sidi-Brahim

(22 septembre 1845). Le lieutenant-colonel Lipowski, pour les opérations d'ensemble, avait sous ses ordres les corps de francs-tireurs que je viens de nommer [1].

De Patay à Terminiers la plaine est légèrement ondulée, comme du reste tout le pays, soit qu'on se tourne du côté de Gommiers et de Guillonville, soit qu'on regarde dans les directions de Faverolles, Loigny et Lumeau. Quelques bouquets de bois ou plutôt des fourrés sont plantés de distance en distance. Terminiers étant construit sur un plateau en pente douce, la vue de ce point peut embrasser une assez vaste étendue, et plonger même, à l'aide d'une longue-vue, jusqu'en avant d'Orgères.

Deux chemins de grande communication, qui partent de Terminiers, conduisent, l'un à Loigny par Faverolles, le château de Villepion et la ferme de Villours ; l'autre à Lumeau par Neuvilliers, en traversant l'ancienne route de Chartres

---

[1] Voir la note C.

à Orléans. Ces chemins sont bons, et les villages qu'ils desservent bien bâtis ; les maisons entourées généralement de jardins, peuvent offrir de véritables positions défensives.

C'est cette contrée, immortalisée en 1429 par Dunois et Jeanne d'Arc, que nous étions appelés à surveiller, et cela avec d'autant plus de soins et de précautions que, tandis que le général de Thann reformait ses Bavarois à Étampes, le grand-duc de Mecklembourg, qui venait de prendre le commandement de l'aile droite de l'armée allemande, massait ses forces à Chartres : ses éclaireurs rayonnaient déjà de Janville à Bazoches-les-Hautes, et au delà.

13 novembre. — Le bataillon quitte Patay à cinq heures du matin, pour aller occuper le poste de Terminiers qui lui est assigné [1].

Peu après notre arrivée, un officier monté

[1] Nous étions extrême avant-poste. Le général Chanzy, qui avait le bataillon en grande estime, disait souvent : « Je ne dors vraiment tranquille que lorsque je me sais gardé par les francs-tireurs de la Sarthe. »

dans le clocher signale sur la route de Loigny un détachement de cavalerie prussienne : ce sont des uhlans. Les francs-tireurs, embusqués derrière des haies, à l'entrée du village, laissent approcher l'ennemi, puis ouvrent le feu sur ces cavaliers, en tuent un, blessent plusieurs chevaux, et mettent en fuite le reste de la troupe, qui est vigoureusement poursuivie. Dans cette poursuite, deux hussards du 6ᵉ, que l'on m'avait adjoints pour les besoins du service, parviennent à s'emparer d'un homme qu'ils font prisonnier, et le ramènent ainsi que son cheval atteint de quatre balles dans le ventre.

14 novembre. — Les 3ᵉ et 4ᵉ compagnies partent pour Sougy : elles devront fournir des postes aux Échelles et aux Ouvans.

Sur les onze heures, les Allemands se montrent plus nombreux encore que la veille. La 1ʳᵉ compagnie, qui s'est aussitôt portée au-devant d'eux, ne tarde pas à les obliger à battre précipitamment en retraite, les suivant au pas de course et en tiraillant jusqu'en dehors du village de Faverolles, où quinze des nôtres restent de grand'garde pendant la nuit.

15 et 16 novembre. — Reconnaissance exécutée dans la direction de Loigny ; nous rentrons à Terminiers dans le courant de la soirée sans avoir aperçu l'ennemi.

Le lendemain, repos pour les 1re et 2e compagnies.

Le lieutenant-colonel Lipowski, à la tête d'un certain nombre de ses francs-tireurs, d'un peloton de chasseurs, et appuyé par la 4e compagnie des francs-tireurs de la Sarthe, pousse une pointe sur Viabon, où il surprend un régiment de lanciers. Deux escadrons se défendent avec acharnement, pour donner au prince Albrecht, logé dans le bourg, le temps de se sauver. On leur tue une vingtaine d'hommes, on leur fait un prisonnier et l'on prend huit chevaux. Après avoir couché au château de Cambrai, notre colonne regagne Patay par Voves et Tillay-le-Beneux. Non loin de ce dernier village, elle rencontre et attaque un fort détachement de uhlans qui venaient de Janville. Les Prussiens essayent de résister, mais tournent bientôt bride, laissant plusieurs morts sur le terrain.

Cette expédition de Voves fit tomber entre les mains du lieutenant-colonel Lipowski un ordre de mouvement adressé par le grand-duc de Mecklembourg au prince Albrecht. Il ressortait clairement des instructions contenues dans cette pièce que le projet des généraux allemands était d'attirer notre attention du côté de Chartres, pour permettre au prince Frédéric-Charles d'accourir de Metz sur la Loire.

17 novembre. — J'organise un service d'espionnage.

Le métier d'éclaireur ne consiste pas seulement à veiller jour et nuit aux avant-postes ; il faut aussi savoir interroger, deviner, flairer, éventer, en un mot espionner [1].

Depuis longtemps déjà les francs-tireurs de

[1] Les Prussiens sont, de longue date, experts en cette science. Frédéric II disait : « Soubise a cent cuisiniers et un espion ; moi, j'ai un cuisinier et cent espions. »

Paris employaient ce moyen avec succès ; je suivis leur exemple, et je désignai tout d'abord, pour remplir cette mission délicate et périlleuse, le sous-lieutenant Grisot de Chilly, le sergent-fourrier Bérard, le caporal Gagnière et le manchot Mandonnet, ce volontaire que j'avais tant hésité à admettre parmi nous à Alençon.

Ces braves partirent résolument pour pénétrer dans les lignes ennemies. Le premier devait se faire passer pour un garçon pâtissier retournant chez lui, à Bonneval ; le second était un jeune abbé, envoyé par une famille d'un de nos départements de l'Est à la recherche de parents qui s'étaient sauvés du côté de Chartres ; le troisième portait la balle d'un honnête auvergnat ; enfin Mandonnet était un meunier des bords du Loir, qui se proposait d'offrir ses grains aux Prussiens.

Le caporal Gagnière ne reparut jamais au bataillon. Ce malheureux, victime de son dévouement, fut sans doute fusillé, peut-être même pendu dans quelque coin désert de la Beauce.

Gagnière était marié et père de quatre enfants.

Nous restâmes bien des semaines sans avoir aucune nouvelle de notre abbé. Il nous rejoignit cependant à Laval à la fin de janvier 1871, après avoir été promené de ville en ville et de village en village, à la suite d'un régiment bavarois, dont les chefs le gardèrent à vue jusqu'à Belesme, où il parvint, non sans peine, à s'échapper.

L'officier et le franc-tireur Mandonnet eurent plus de chance que leurs deux camarades. Ils rentrèrent sans avoir été inquiétés, rapportant de leur expédition des renseignements précieux sur les positions occupées par les troupes du grand-duc de Mecklembourg.

Le sous-lieutenant Grisot de Chilly me donna des détails précis et curieux sur les signaux employés par nos redoutables adversaires. Ainsi, outre ces fusées de couleurs diverses qui transmettaient des ordres à tous les corps d'armée placés sous le commandement du même général, ils se servaient encore de points lumineux appliqués par un système très simple : à l'aide d'écrans, qui cachaient ou laissaient passer la lumière, ils produisaient des éclipses plus ou moins longues. Le premier obturateur masquait un verre blanc, et le second un verre rouge. Les couleurs émises et la durée de l'émission suffisaient pour constituer un alphabet de convention analogue à celui employé dans la télégraphie électrique. Il avait de même remarqué que les sentinelles correspondaient entre elles par des mouvements exécutés avec le fusil, et que les vedettes, bien que postées quelquefois à une grande distance les unes des autres, apprenaient toutes, en un instant, qu'un danger était proche. Dans ce cas-là, c'était le cheval qui *parlait* en se tournant à droite ou à gauche, en se présentant de face, en pirouettant sur lui-même ou en pliant sur ses jarrets. Chacune de ses évolutions avait une signification particulière. Enfin, chose pénible à avouer, il s'était convaincu que la population des campagnes, en partie, secondait l'ennemi : le meunier, par exemple, en faisant tourner les ailes de son moulin d'une certaine façon ; le bûcheron, en plaçant au bord de la route un nombre déterminé de fagots ou en faisant une entaille à un arbre indiqué, etc.

Mandonnet avait trouvé le moyen d'approcher du général Hahn, à Germignonville, et, sous le prétexte de s'engager à lui livrer une grande quantité de farine, il avait acquis la certitude qu'une concentration considérable de cavalerie allait avoir lieu à Voves, Saseray, l'Hôpiteau et autres villages environnants sur la route de Chartres à Châteaudun. Mon franc-tireur était revenu tout fier à Terminiers, muni de *laisser-passer* signés en blanc, qu'il avait obtenus du chef prussien.

D'après les faits que je viens de citer, et qui se renouvelèrent plus d'une fois pour nous durant la campagne, on doit regretter que le service d'espionnage n'ait pas été organisé sur une vaste échelle. Les résultats que l'on aurait obtenus eussent pu être immenses.

18 novembre. — Sur différents points, nos reconnaissances culbutent de petits détachements de cavalerie qui cherchent à pénétrer dans nos lignes. A Villiers, à Château-Cambrai, en avant de Sougy et à hauteur de la ferme Chauvreux, partout les uhlans et les hussards prussiens sont repoussés par les francs-tireurs de Paris et les francs-tireurs de la Sarthe, avec des pertes plus ou moins sensibles.

Les tâtonnements persistants de l'ennemi prouvaient que nous avions été bien informés, et que le mouvement du corps Mecklembourg se continuait activement.

Un froid assez intense a succédé au temps tiède et humide que nous avions depuis le lendemain de la bataille de Coulmiers ; mais personne ne se préoccupe de ce changement de température : chacun, officiers et soldats, ne pense qu'à se multiplier.

19 et 20 novembre. — Dans la matinée, les capitaines Tétart et Beauguitte, qui commandent les compagnies détachées à Sougy, trouvent près de Lumeau un pigeon-courrier qui, exténué de fatigue, était tombé dans un champ. Cette pauvre petite bête avait dû quitter Paris dans le courant du mois d'octobre, ainsi que l'indiquait le timbre imprimé sous l'une de ses ailes ; un deuxième timbre, de Tours, était daté du 18 novembre. Ce pigeon était porteur de plusieurs milliers de dépêches, transcrites d'après le système Steenackers. Il fut immédiatement porté à Saint-Péravy, et remis entre les mains du général Vuillemot, chef d'état-major du 16ᵉ corps.

Les 1ʳᵉ et 2ᵉ compagnies appuient une reconnaissance de chasseurs à cheval qui, partie de Patay, se dirige sur Orgères.

A peine avions-nous dépassé les dernières maisons de Nonneville, qu'un escadron de hussards noirs et une cinquantaine de cuirassiers débouchent au grand trot par le chemin qui mène à Villerand. Nous nous replions sur le village, et je fais aussitôt occuper les jardins qui avoisinent la route ; nos cavaliers, abrités derrière des pans de murs, se tiennent tout prêts à charger.

L'ennemi, qui s'est arrêté un instant, s'ébranle bientôt, les cuirassiers pour marcher en droite ligne sur nous, les hussards, décrivant un circuit sur notre droite, pour contourner le bourg.

Mais la 2e compagnie a eu le temps de faire volte face, et cuirassiers et hussards, qui se sont lancés à fond de train, sont reçus par un feu roulant de mousqueterie.

Ils font demi-tour, se reforment un peu plus loin, puis tentent de nouveau de forcer le passage : ils sont accueillis de la même façon.

Après une troisième tentative, moins heureuse encore que les deux premières, ils se retirent en désordre, poursuivis cette fois par les chasseurs qui les poussent la pointe du sabre dans les reins.

A cette affaire, une dizaine d'Allemands sont mis hors de combat ; de notre côté, nous avons un chasseur enlevé et un autre légèrement blessé.

21 novembre. — La veille au soir, j'avais reçu l'ordre de faire rentrer les compagnies qui étaient à Sougy, sans, toutefois, retirer les détachements qui gardaient les Échelles et les Ouvans.

Les capitaines Tétart et Beauguitte me rallient à Terminiers vers les six heures du matin. Nous en repartons peu de temps après avec le lieutenant-colonel Lipowski. Celui-ci, à la tête d'une colonne composée des corps des francs-tireurs de Paris, de la Sarthe, de la Gironde, des Hautes-Pyrénées, de la Dordogne, de deux escadrons du 4ᵉ de marche de cavalerie légère, et appuyé à distance par un bataillon d'infanterie, un régiment de cuirassiers et deux pièces de montagne, doit pousser jusqu'à Janville. Notre colonne est forte d'environ 3,000 hommes.

Nous atteignons successivement Bazoches-les-Hautes, Chauffour et Brandelon, sans rencontrer l'ennemi. Mais, au Mesnil, nos éclaireurs sont tout à coup arrêtés par les « *Wer da !* » des sentinelles prussiennes. Quatre compagnies des

francs-tireurs de Paris, les 1re et 2e de la Sarthe
et les Girondins, s'élancent aussitôt au pas de
course, pénètrent dans le village, et en délogent
une centaine de cavaliers, aux trousses desquels
se mettent nos chasseurs.

A Mervilliers, de nouveaux cavaliers cherchent
encore à nous disputer le passage. Ils ne peuvent non plus y parvenir, et nous ne tardons
pas à les voir disparaître dans la direction
d'Allaines.

Ce n'était qu'un répit momentané.

Comme nous nous disposions à pousser en
avant, on nous signale de nombreuses colonnes
de troupes qui descendent d'Allaines et de Janville.

Les instructions données au lieutenant-colonel
Lipowski lui prescrivant d'éviter une attaque en
ligne, nous rebroussons chemin, marchant en
échelons par bataillon, les obusiers au centre, et
ayant sur notre front et sur nos flancs une nuée
de tirailleurs. Nos escadrons, placés aux ailes,
battent aussi en retraite par échelons.

L'artillerie ennemie ouvre le feu : ses obus passent en sifflant au-dessus de nos têtes ou viennent tomber à nos pieds, sans cependant nous faire beaucoup de mal. Son infanterie se déploie à son tour ; mais nos tirailleurs entravent ou retardent la plupart de ses mouvements. Il en est de même de ses hussards et de ses cuirassiers : la précision du tir des francs-tireurs les maintient à distance.

Après une poursuite de plusieurs heures, les Prussiens, voyant à notre contenance qu'ils ne parviendront pas à nous entamer, finissent par nous abandonner, et nous effectuons paisiblement notre retour par Baigneux et Lumeau.

Le capitaine Chabrillat [1], des francs-tireurs de Paris, laissé en arrière avec sa compagnie et la 2ᵉ de la Sarthe, pénètre dans la nuit au milieu

---

[1] Le capitaine Henri Chabrillat a fait longtemps partie de la rédaction du *Figaro*. Le corps d'officiers des francs-tireurs de Paris comptait deux autres publicistes distingués : le poète Ed. Ledeuil, commandant du 1ᵉʳ bataillon, un des héros de Châteaudun, et le professeur Bazin, sous-lieutenant d'armement, aimable compagnon et intrépide soldat.

des avant-postes ennemis, et surprend, à San-
tilly, une grand'garde de cavalerie, à laquelle il
tue dix-huit hommes et cinq chevaux, et fait
quatre prisonniers.

Ces prisonniers appartiennent au 6ᵉ hussards de
Schleswig ; ils disent qu'ils sont sous le commandement de Frédéric-Charles, et ils annoncent sa
prochaine arrivée avec des renforts considérables.

22 novembre. — Nous ne sortons pas de notre
cantonnement.

Depuis que nous occupions Terminiers, ainsi
qu'on a pu en juger dans les pages qui précèdent, nous n'avions cessé un seul instant de
battre le pays, rayonnant de tous côtés, soit
qu'on nous en donnât l'ordre, soit d'après le
moindre indice parvenu à notre connaissance.
Malgré cela, et bien que nous n'eussions jamais
manqué l'occasion d'un coup de feu, le bataillon
des francs-tireurs de la Sarthe s'était tiré avec
un bonheur surprenant des mille dangers qui
sont le partage habituel de la guerre.

Il est vrai que notre manière de combattre

contribuait beaucoup à nous sauvegarder. Nous avions le plus souvent affaire à des détachements isolés de cavalerie, dont les hommes, armés de lances ou de mauvais pistolets, étaient peu à craindre. De plus, nous les attaquions en nous élançant à l'improviste de la lisière d'un bois, de derrière des maisons, d'un pli de terrain ou du coude d'une route, ne laissant, en aucune circonstance, le temps à l'ennemi de se reconnaître. Nous trouvions-nous en présence d'infanterie flanquée d'artillerie, on se gardait bien alors d'user inutilement sa poudre de pied ferme ; on se repliait déployés en tirailleurs et en suivant le plus possible les lignes d'arbres ou de haies, profitant de tout pour s'abriter, défiant en quelque sorte les balles et la mitraille des Allemands.

Le plus grand danger que nous courions, c'était d'avoir nos postes surpris et enlevés pendant la nuit. Mais, grâce à notre prudence et à notre vigilance, nous ne fûmes jamais victimes de pareils coups de main.

23 novembre. — Diverses escarmouches ont lieu à la Maladerie, à Tanon et près du château de Goury.

A la Maladerie, nous donnions la chasse à des uhlans, lorsqu'une détonation retentit dans la direction que suivaient ces cavaliers, et nous vîmes l'un d'entre eux dégringoler de son cheval.

Deux hommes armés sortirent presque aussi-tôt d'un petit taillis situé non loin de là, et s'avancèrent vers nous. Ils étaient jeunes et vêtus en paysans aisés. L'expression de leurs visages me frappa tout d'abord : l'un respirait une joie farouche ; l'autre, l'effroi poussé à un extrême degré.

Quand ils furent près de nous :

— Je vous fais mon compliment, mon brave, dis-je au plus grand. Mais qui êtes-vous donc ?

— Je m'appelle Pierre Bidault, me répondit-il.

— Vous êtes du pays ?

— Pas précisément, monsieur le comman-dant ; nous sommes de Baignolet.

— Et que faites-vous par ici ?

— Comme vous, nous chassons les Prussiens.

— Ah ! vous êtes des francs-tireurs ?

— Oui, depuis hier.

— C'est de fraiche date. Et à quelle compagnie appartenez-vous ?

— A la vôtre, monsieur le commandant, si
vous voulez bien nous recevoir parmi vous.

— Votre camarade aussi ?... demandai-je en
souriant.

Pierre Bidault rougit jusqu'aux oreilles ; mais
il se remit promptement, et, me tirant sans façon par le bras, il m'emmena à l'écart.

— C'est que, monsieur le commandant, fit-il
d'un air un peu honteux, mon camarade... c'est
une femme.

J'avoue que cet aveu ne me surprit pas trop.
L'émotion que paraissait éprouver le compagnon de Pierre Bidault, et sa démarche mal as-
surée en approchant de nous, avaient attiré
mon attention, et j'avais soupçonné, dans mon

rapide examen, que ces habits d'homme n'é-
taient qu'un déguisement.

Je questionnai alors le paysan, et voici ce que
j'appris sur eux :

L'avant-veille, dans le courant de la matinée,
deux uhlans, le pistolet au poing, avaient traversé au galop la principale rue du village de
Baignolet ; ils avaient bientôt été suivis de
quatre autres.

Parvenus au centre du village, ces quatre cavaliers s'étaient arrêtés, et l'un d'eux, interpel-
lant un vieillard qui se tenait assis sur un banc,
devant sa maison, lui avait demandé où étaient
la demeure du maire et le bureau de poste.

Quelques instants après, une petite colonne,
composée d'une vingtaine de hussards et de
quarante fantassins environ, avait pris posses-
sion du bourg, et officiers et soldats s'étaient
immédiatement installés de leur pleine autorité
chez les habitants.

Le père Maillard, cultivateur, avait eu pour
hôte le lieutenant des hussards. Le brave homme

avait deux filles : l'aînée, Annette, âgée de dix-neuf ans, était jolie, et sa franche gaieté prouvait que jamais l'ombre même d'un chagrin ne l'avait effleurée.

L'Allemand, en la voyant si alerte et si gracieuse, avait tout de suite conçu de coupables projets à son égard, et il n'attendait pour les satisfaire qu'une occasion favorable.

Vers les trois heures de l'après-midi, les deux sœurs se trouvaient seules dans une chambre : le père venait de sortir. L'officier, qui avait guetté ce moment, s'était présenté audacieusement devant les jeunes filles.

Il avait d'abord adressé différentes questions auxquelles elles avaient répondu avec politesse; puis il avait cherché à éloigner la petite Mariette.

— Tiens, avait-il dit tout à coup en se tournant vers elle, je n'ai plus de cigares. Il faut m'en aller chercher, ma belle enfant.

Mariette avait paru hésiter; mais un regard dur qu'il jeta sur elle l'avait décidée à partir.

Le lieutenant s'était alors approché d'Annette et avait voulu lui prendre la main.

— Laissez-moi ! s'écria-t-elle avec terreur.

— Vous n'aimez pas les Prussiens, fit-il, cela se voit. Vous oubliez qu'ils sont vos maîtres.

— Je ne sais rien de ces choses-là, monsieur.

— Laissez-moi vous embrasser.

— Jamais !

— Ce n'est pas difficile, pourtant.

Il s'était levé, avait saisi la malheureuse Annette par la taille, et, l'attirant à lui, il avait mis un baiser sur sa joue.

La jeune fille poussa un cri perçant.

L'officier essaya d'étouffer sa voix.

Annette éprouvait un tel saisissement, que ses membres étaient comme paralysés. Incapable de se défendre, elle se crut perdue, et eut à peine la force d'articuler ces mots :

« Mon père !... Pierre ! Pierre ! »

Quelques secondes encore, et un crime peut-être s'accomplissait.

Mais, soudain, la porte s'ouvrit avec fracas,

et un homme se précipita dans la chambre :
c'était Pierre, — Pierre, le fiancé d'Annette !

— Misérable ! s'écria-t-il.

Et il sauta au collet du Prussien, qui n'eut que
le temps de se reculer en tirant son sabre.

— Si tu avances, fit-il, je te le passe dans le
ventre.

Puis, protégé par la pointe de son arme, il
parvient à gagner l'extérieur.

— Ma pauvre Annette !... disait Pierre. Oh !
le lâche ! je le tuerai !

Le lendemain matin, on retrouvait dans un
endroit écarté du village le corps du lieutenant
percé de plusieurs coups de poignard... Pierre
Bidault s'était vengé !

A la suite de ce tragique événement, notre
homme s'était empressé de fuir de son village,
où il ne pouvait pas rester sans danger, et il
avait gagné les bois qui s'étendent à l'est de
Fontenay-sur-Conie et peu distants de la Maladerie.

Pierre n'était pas parti seul, Annette n'ayant

point hésité à abandonner sa famille pour suivre son fiancé.

— Maintenant que vous savez qui nous sommes et que vous connaissez notre histoire, me dit Bidault, après m'avoir donné les détails que je viens de rapporter, voulez-vous de nous, commandant ? J'ai juré une haine à mort aux Prussiens, et, lorsque nous vous avons rencontrés, nous allions justement rejoindre l'un des corps francs qui se trouvent aux environs.

J'admis avec plaisir parmi nous ces deux nouveaux volontaires. Pierre Bidault fut un de mes meilleurs soldats, et Annette, bonne et honnête fille, rendit bien des services à nos blessés et à nos malades.

24 et 25 novembre. — Nous continuons à avoir des engagements heureux avec les reconnaissances de l'ennemi que nous rencontrons à Gaubert et à Domainville.

Le capitaine Beauguitte, qui s'est avancé avec la 4ᵉ compagnie jusqu'à Baigneux, a entendu le canon du côté d'Artenay. En effet, le manchot Mandonnet, de retour d'une nouvelle mission, annonce que des troupes, en nombre considérable, ont quitté Janville pour se porter dans cette direction.

Les deux petits détachements des Échelles et des Ouvans sont rappelés à Terminiers ; ces postes appartiendront désormais au 15ᵉ corps. Un escadron du 2ᵉ mixte est envoyé pour coopérer avec nous.

Durant toute la soirée du 25 et une partie de la nuit, nos vedettes et nos grand'gardes distinguent au loin des bruits inusités : tantôt c'est le roulement sonore de chariots ou de caissons, ou bien la marche lente d'une patrouille de cavalerie. Francs-tireurs et cavaliers sont prêts à sortir à la première alerte.

26 novembre. — Les démonstrations des Prussiens se renouvellent sans interruption. Leur audace ne connait plus de bornes ; dans la matinée, nous échangeons des coups de feu aux abords de Rouvray-Sainte-Croix, à quatre kilomètres au plus de Patay ! C'est à croire que les Allemands savaient déjà que les francs-tireurs de Paris et ceux de la Gironde étaient partis depuis la veille pour se diriger sur Conie et Varize... Je place à Rouvray une demi-section de la 1re compagnie.

Le bataillon de Foudras a une bien lourde tâche à remplir, mais notre courage est à la hauteur de la situation.

. . . . , ...

« Mais — se demande-t-on peut-être — pourquoi laisser ainsi les troupes du grand-duc de Mecklembourg, ici, parcourir le Perche en tous sens, menaçant tour à tour Le Mans, Châteaudun ou les villes intermédiaires ; là, pénétrer dans l'Orléanais, réquisitionnant, pillant, quelquefois même brûlant les villages qui essayent de résister, et cela à la *barbe* de l'armée ?... Que font donc pendant ce temps d'Aurelle de Paladines et ses lieutenants Chanzy, Fiéreck, Sonis, Crouzat et Martin des Pallières ?... »

Nous l'avons dit précédemment et nous

le répétons : les manœuvres du grand-duc n'étaient qu'un *appeau* qu'il nous tendait. Nos divisions se fussent-elles élancées sur lui, que serait-il advenu ? Nous eussions immanquablement été pris à revers par l'armée du prince Frédéric-Charles, dont les premiers détachements avaient déjà dépassé Montargis, et le désastre de Sedan se fût alors renouvelé pour nous.

C'eût été folie que de s'exposer de la sorte. Aussi était-ce dans ses lignes d'Orléans, lignes devenues un immense camp retranché, que le général d'Aurelle avait résolu d'*attendre* Frédéric-Charles.

« En avez-vous été plus heureux pour cela?... » demande-t-on encore.

Non, c'est vrai ! mais les coupables, ceux sur qui doivent peser ces nouveaux malheurs, ils ne se nomment pas d'Aurelles de Paladines et Martin des Pallières, ils s'appellent Gambetta et Freycinet ! ces deux hommes présomptueux et ignorants qui, jouant au Carnot, prescrivaient, ordonnaient de leur cabinet de Tours, défaisant le lendemain ce qui avait été décidé la veille, et qui, ne s'embarrassant pas plus du général en chef que s'il n'eût point existé, changeaient à leur guise les positions des corps d'armée. De là, par exemple, les opérations sur Pithiviers et les combats de Ladon, Maizière et Beaune-la-Rolande, erreurs fatales commises dans un moment où toutes nos forces eussent dû être concentrées, et qui furent cause de nos défaites des 2, 3 et 4 décembre[1].

[1] M. Auguste Boucher, ancien professeur de seconde au lycée d'Orléans, qui a raconté d'une plume brillante et avec le cœur d'un *vrai* Français les différents événements dont son pays a été le théâtre en 1870-1871, dit en terminant son émouvante brochure sur la bataille de Loigny et les combats de Villepion et de Poupry :

« Mais la responsabilité du désastre dont la bataille de Loigny allait être le commencement, on la reportera surtout sur ceux qui, à Tours, furent les despotes de cette guerre, les auteurs de ce plan de campagne, les dispensateurs de ces ordres et de ces renseignements qui trompèrent à la fois la volonté, la prudence et l'honneur des généraux. »

On ne saurait mieux dire.

(Note de cette nouvelle édition.)

Mais n'anticipons pas.

27 novembre. — Je reçois du colonel Barbut l'ordre d'envoyer un détachement à Péronville, occupé peu de jours auparavant par les francs-tireurs de Saint-Denis.

Les instructions données au lieutenant de Pradun étaient celles-ci : détacher un poste à Thironneau où se trouve un peloton de cavalerie ; se relier sur la gauche par des petits postes et des vedettes aux francs-tireurs de Paris ; enfin placer dix hommes à la Maison-Rouge, qui garderont le passage de la Conie et se relieront également à l'escadron établi à Villeneuve.

Le détachement n'est fort que de trente-huit hommes ; mais tous sont résolus et intrépides. Le lieutenant de Pradun et le sergent-major Holchout les commandent : le premier est un officier énergique, entraînant à l'attaque, froid et calme à la défense ; le second, ancien sous-officier qui a fait les campagnes d'Afrique, est brave jusqu'à la témérité.

Partis de Terminiers à dix heures du matin,

ils se dirigent par Gommiers et Guillonville. Un peu avant d'arriver à ce village, des paysans affolés, les uns chassant devant eux leurs bestiaux, les autres portant dans leurs bras, qui un enfant malade, qui des hardes de toutes sortes, annoncent au lieutenant que les Prussiens les suivent de près.

« Ils sont beaucoup, beaucoup... crie l'un d'eux. Il y en a à pied, à cheval, et même du canon!... Sauvez-vous vite, mes pauvres enfants! »

Le détachement passe, puis il traverse rapidement le bourg, dont les habitants fuient ou s'enferment dans leurs demeures.

Les francs-tireurs de la Sarthe ont quitté le chemin qui mène à Péronville pour prendre celui de Gaubert, car c'est de ce côté que s'avance l'ennemi: ils ne voient rien encore; bientôt ils atteignent et dépassent Gaubert.

Tout à coup, la colonne allemande apparaît; elle se compose, en effet, d'infanterie, de cavalerie et d'artillerie: on peut évaluer leur nombre à 1,500.

Les trente-huit francs-tireurs de la Sarthe, déployés en tirailleurs, se portent résolument à la rencontre des Prussiens. Ceux-ci, dans le premier moment, se sont arrêtés et regardent avec stupéfaction cette poignée de soldats qui ne craint pas de les affronter.

Mais le lieutenant a son idée ; et l'ennemi n'a pas eu le temps de revenir de sa surprise, que la petite troupe, qui a gagné à droite de la route un moulin, à gauche une ferme, s'y est bravement installée et ouvre aussitôt le feu.

Les Allemands ripostent vivement ; puis, furieux de voir qu'on persiste à leur tenir tête et que plusieurs des leurs viennent d'être atteints, ils lancent des obus sur les bâtiments qui abritent les francs-tireurs. Heureusement ils n'y sont déjà plus : reformés en ligne, ils se retirent lentement et en bon ordre, traversent de nouveau Gaubert, et — eux toujours tiraillant — ils arrivent ainsi à Guillonville : il était temps ; quelques minutes encore, et ils étaient tournés.

Le combat recommence avec acharnement.

« Rendez-vous ! » leur crie un officier.

A peine a-t-il prononcé ces paroles, qu'il tombe frappé d'une balle.

Peu après, le lieutenant de Pradun quitte le village ; il se dirige cette fois en droite ligne sur Patay. Durant tout le parcours, il ne cesse de donner à ses hommes l'exemple du plus ardent courage. Admirable de sang-froid et merveilleusement secondé par le sergent-major Holchout et le hussard Damont, il continue à maintenir l'ennemi à distance, et cela jusqu'aux portes de Patay. La nuit est venue, et il y a près de quatre heures que dure cette poursuite si héroïquement soutenue !

Je suis fier de pouvoir dire que, ce jour-là, la 2º compagnie des francs-tireurs de la Sarthe s'est glorieusement conduite [1].

[1] A la suite de cette affaire, je nommai capitaine le lieutenant de Pradun, qui fut en outre proposé pour la croix de chevalier de la Légion-d'Honneur. Je portai également pour la médaille militaire le sergent-major Holchout et le hussard Damont. Les deux premiers ont obtenu la

Le colonel Barbut, à la tête de ses escadrons et d'un bataillon de mobiles, s'était porté rapidement au-devant des Prussiens, et il avait repoussé leur cavalerie, qui disparut bientôt, protégée par les ténèbres.

Le même soir et le lendemain matin, le général commandant en chef le 16e corps envoyait les deux dépêches suivantes :

« Au Général en chef.

« 27 novembre 1870, six heures du soir.

« Le colonel Barbut m'informe qu'il a re-
« repoussé la cavalerie ennemie qui s'était appro-
« chée à huit cents mètres de la ville. Il croit
« qu'il y a des canons cachés dans un bois à
« deux kilomètres, que l'ennemi a voulu savoir
« s'il y avait des pièces à Patay, et qu'il prépare
« une attaque pour demain matin.

juste récompense de leur belle conduite dans la journée du 27 novembre.

« Je ferai partir, avant le jour, un bataillon
« et une batterie de quatre pour Lignerolles.

« *Signé :* CHANZY. »

« AU MINISTRE DE LA GUERRE, A TOURS.

« 28 novembre 1870.

« Dans la journée d'hier, de fortes reconnais-
« sances prussiennes, infanterie, cavalerie et
« artillerie, ont cherché à tâter toute ma ligne
« d'avant-postes. L'ennemi, repoussé partout,
« a subi quelques pertes en hommes et en che-
« vaux, et laissé cinq prisonniers entre nos
« mains.

« Trente-huit francs-tireurs de la Sarthe,
« commandés par le lieutenant de Pradun,
« vivement attaqués en avant de Guillonville,
« se sont repliés en faisant très bonne conte-
« nance et avec beaucoup de calme et d'ordre
« sur Patay, en tuant du monde à l'ennemi.

« *Signé :* CHANZY. »

Chose inexplicable et vraiment providentielle, nous n'eûmes, dans cette mémorable journée, aucune perte à déplorer.

28 novembre. — L'attaque prévue par le colonel Barbut n'a pas lieu, l'ennemi s'étant retiré pendant la nuit.

Bien que faisant partie du 16e corps depuis près d'un mois, je n'avais pas encore eu l'honneur d'approcher M. le général Chanzy. Mes rapports avec notre commandant en chef s'étaient bornés, jusqu'à ce jour, à une correspondance plus ou moins fréquente, nécessitée soit par les événements militaires, soit par les besoins du service.

Une affaire exigeant ma présence au quartier général, à Saint-Péravy, je m'y rendais, lorsque, en traversant Patay, ces mots frappèrent mes oreilles : « *Le général ! voilà le général !* »

Au même moment, M. le général Chanzy, monté sur un cheval blanc et suivi d'une escorte de chasseurs d'Afrique, débouchait au grand trot sur la place.

M'étant dirigé de son côté, et le général ayant arrêté son cheval pour parler à un lieutenant de vaisseau qui se tenait derrière lui, je pus l'examiner tout à mon aise.

Sa physionomie est sympathique. La vivacité et l'éclat de ses yeux, ainsi que la courbure accentuée de son nez, dénotent une rare intelligence servie par une volonté peu commune. Sa bouche fine, abritée sous une moustache blonde relevée coquettement et soyeuse comme les cheveux, tempère ce qu'il pourrait y avoir de dur dans l'ensemble du visage. En un mot, l'examen des traits de M. le général Chanzy indique une nature loyale, calme et énergique.

Quand le général fut libre, je me présentai à lui. Il m'accueillit en me tendant cordialement la main, m'adressa des paroles flatteuses sur la conduite des francs-tireurs de la Sarthe depuis qu'ils étaient sous son commandement, et me chargea de complimenter de sa part le lieutenant de Pradun sur sa belle retraite de la veille.

Après l'avoir entretenu brièvement du motif qui m'amenait auprès de lui, il me parla de l'importance de la position que nous occupions, me recommandant de surveiller, plus que jamais, les mouvements de l'ennemi et de le tenir exactement au courant de tout ce qui se passerait sur notre front. Il ajouta qu'il ne pouvait m'envoyer aucun renfort, mais qu'il comptait sur mon zèle et notre courage pour y suppléer.

Je quittai le général, que j'eus l'occasion de revoir plusieurs fois, emportant chaque fois de ces entrevues une impression qui ne fit qu'accroître le sentiment de profonde estime et d'entière confiance que j'avais conçu à son égard.

Je vis aussi ce jour-là l'amiral Jauréguiberry, commandant la première division du 16° corps.

Il est d'une taille moyenne, un peu gros, quoique bien proportionné. Son visage est encadré de favoris blancs ; son front élevé, son regard profond, sa parole vibrante, tout dans sa physionomie exprime une indomptable énergie. D'une bravoure sans égale au combat, s'enflam-

mant à l'odeur de la poudre, il électrise et en-
traine même les moins ardents. Tous ses soldats
l'adoraient.

Le général Chanzy et l'amiral Jauréguiberry
sont, avec le général d'Aurelle de Paladines [1],
les grandes figures de l'armée de la Loire.

... Vivant depuis quinze jours aux avant-postes,
presque complètement isolés, nous ne savions
rien de ce qui se faisait en dehors du rayon que
nous avions à observer. Il fallait venir à Patay
pour avoir des nouvelles, et, bien que nous n'en
fussions qu'à une distance de quelques kilomètres, il nous était difficile de trouver le temps de
nous y rendre.

Hélas ! que tout était sombre dans notre
pauvre France ! Au nord, à l'est, en Bourgogne
et en Normandie, partout on résistait, il est vrai,
on se battait avec rage ; mais, malgré les efforts
surhumains de nos généraux et de leurs sol-

[1] Nous ne saurions oublier le général Vuillemot, chef
d'état-major général de la deuxième armée, l'infatigable et
précieux collaborateur du général Chanzy.

dats, nos implacables adversaires avançaient, et toujours ils avançaient !

A Paris également, la lutte continuait, fiévreuse, passionnée ; mais, là aussi, là surtout ! les cris de détresse se faisaient entendre, et chacun portait un regard inquiet vers l'armée de la Loire.

En effet, de nos succès ou de nos revers devait dépendre le salut du pays.

L'armée de la Loire, qui, à l'époque de la bataille de Coulmiers, ne se composait que de deux corps, les 15ᵉ et 16ᵉ, comprenait en outre, au moment où nous sommes, les 17ᵉ (général de Sonis), 18ᵉ (provisoirement colonel Billot) et 20ᵉ (général Crouzat). De plus, le général Fiéreck, commandant supérieur des forces régionales de l'Ouest, était chargé de défendre, concurremment avec le 17ᵉ corps, les abords de Châteaudun et les lignes de la Conie.

Malheureusement, le premier, n'ayant sous ses ordres que des troupes mal organisées, mal équipées et mal armées, avait été dans l'impossibilité de résister aux Allemands, et il venait de battre en retraite sur Nogent-le-Rotrou. Le second, à la tête d'un corps de formation récente, s'était, le 25, replié sur la forêt de Marchenoir.

Les 18ᵉ et 20ᵉ corps couvraient notre droite.

Enfin, le 16ᵉ s'était accru d'une 3ᵉ division (général Maurandy).

Quelques heures encore, et notre canon allait répondre, dans les plaines de Patay, à l'appel désespéré de la patrie.

29 et 30 novembre. — Le colonel Barbut est remplacé dans le commandement supérieur des avant-postes de Patay par le chef d'escadrons Regnard de Lagny, du 1ᵉʳ hussards de marche : nous avions été ensemble à Saint-Nicolas du Chardonnet, sous M. l'abbé Dupanloup, aujourd'hui évêque d'Orléans, le grand patriote. — Un escadron du même régiment relève à Terminiers les chasseurs du 2ᵉ mixte.

Dans la matinée, des personnes qui arrivent de Cormainville nous disent que de fortes colonnes ennemies sillonnent toute la contrée comprise entre Varize et Orgères. Un officier, que j'envoie aussitôt pour explorer les environs du haut du clocher, ne tarde pas à apercevoir distinctement de l'infanterie prussienne qui, protégée par de l'artillerie, se fortifie dans le village de Loigny.

J'en avise immédiatement le commandant de Lagny ; puis, sans perdre un instant, je donne l'ordre au capitaine Fleury de pousser une reconnaissance dans cette direction, et au capitaine Beauguitte de se porter sur Lumeau. Les 1re et 4e compagnies partent au pas de course ; elles sont éclairées chacune par un demi-peloton de hussards. Mandonnet, de son côté, roule déjà vers Gaubert, pour gagner de là Bazoches-en-Dunois, et, si c'est possible, Varize, où je sais que les francs-tireurs de Paris se trouvaient encore la veille.

Je m'empresse aussi de mettre Terminiers à l'abri d'un coup de main. En moins d'une heure, j'en fais une véritable forteresse : barricades recouvertes de terre, fossés larges et profonds, fascines, maisons crénelées, rien n'y manque.

Les compagnies sorties pour parcourir le pays rentrent successivement ; leurs officiers, se conformant à mes prescriptions, se sont bornés à reconnaître, sans se laisser entraîner dans un combat qui n'eût, du reste, servi à rien. La 1re n'a pu dépasser Villepion : elle s'est repliée devant un bataillon d'infanterie, solidement établi dans le parc du château. La 4e a chassé devant elle, à hauteur de Terre-Noire, une dizaine de uhlans ; mais le capitaine Beauguitte n'a pas non plus jugé prudent de s'aventurer au delà de Neuvillers, Lumeau étant également occupé par un corps de troupes considérable.

Tout cela est grave. Ces colonnes qui s'approchent et prennent ainsi position indiquent clairement que les Allemands sont prêts, et qu'ils ne tarderont pas à nous livrer bataille. Une estafette porte ces renseignements au commandant de Lagny ; je l'informe en même temps que le poste des Échelles, qui devrait être gardé par le 15e corps, n'est pas occupé. C'est un oubli impardonnable, l'ennemi pouvant descendre par là sur Orléans et sur Patay. En prévision de cette tentative, je recommande au lieutenant Folie-Dupart, que j'ai laissé à Rouvray-Sainte-Croix avec 25 francs-tireurs, de redoubler de précaution et de vigilance.

A Terminiers, j'ai distribué tous mes hommes derrière les barricades et dans les maisons préparées pour la défense ; un cordon de hussards entoure le village : nous sommes sur un qui-vive continuel. Si on nous attaque, comme tout le donne à penser, nous vendrons chèrement notre vie. La population est consternée et terrifiée. Nous ne voyons autour de nous que gens en larmes, et nous n'entendons que cris de désespoir, de colère et de malédiction.

Vers les cinq heures, des cuirassiers blancs, qui ont pu s'avancer, grâce à l'obscurité, cherchent à enlever nos vedettes placées sur le bord de la route de Loigny. Des coups de feu font porter la 1re compagnie au secours de nos cavaliers, et, en présence de ce renfort, les Prussiens fuient précipitamment, poursuivis par nous jusqu'en dehors de Faverolles.

La soirée s'écoule sans autre incident. Nous continuons à veiller, et bientôt, comme dans la nuit du 25 au 26, des bruits prolongés de voitures frappent distinctement nos oreilles. Nous ne tardons pas à en avoir l'explication par notre manchot, qui rentre de sa mission ; il nous annonce que l'armée du grand-duc de Mecklembourg a commencé son mouvement, et que c'est elle qui défile devant nous.

Mandonnet avait pu suivre sans encombre son itinéraire ; arrivé près de Varize dans la journée, il avait appris que le lieutenant-colonel Lipowsky, sur le point d'être cerné, venait de se replier en toute hâte sur la Chapelle-Onzerain, et qu'une de ses compagnies de francs-tireurs, qui n'avaient pas eu le temps de se retirer assez tôt du parc de Brissac, s'y défendait encore avec acharnement au moment de son départ [1].

[1] Cette compagnie était celle de la Gironde, attachée aux

13.

A quatre heures du matin, je reçois l'ordre d'évacuer Terminiers et d'aller m'établir à Rouvray-Sainte-Croix. Nous exécutons cet ordre, mais non sans nous demander avec effroi quel sort est réservé à ce village où nous avions vécu pendant seize jours et d'où nos étions partis si souvent pour courir *sus* aux Allemands !

Terminiers ! ce nom restera à jamais un honneur pour les francs-tireurs de la Sarthe !

Nous ne sommes pas inquiétés de toute la journée dans notre nouvelle position de Rouvray-Sainte-Croix. L'ennemi occupe cependant les villages de Péronville, Guillonville, Gaubert, Terminiers, Faverolles, Villepion, en un mot, toute la contrée qui s'étend au nord de Patay : on peut même distinguer à l'œil nu nos redoutables voisins travaillant à élever de nombreux épaulements.

Au milieu de la nuit, une dépêche du général Chanzy m'annonce que, le lendemain, le 16ᵉ corps

francs-tireurs de Paris. Elle fut presque complètement détruite en se défendant héroïquement contre des forces vingt fois supérieures.

s'ébranlera à dix heures et se portera en avant dans la direction de Janville et de Toury.

Le temps est devenu tout à coup des plus rigoureux : il gèle très fort, et le vent du nord souffle avec violence.

1er décembre. — Le froid de la nuit a durci considérablement le sol ; les routes et les chemins forment de longues lignes d'une blancheur pour ainsi dire immaculée : elles serpentent et scintillent à travers la plaine, au-dessus de laquelle planent des nuées innombrables de corbeaux. On devine, à leurs croassements répétés, que ces bêtes affamées sentent que bientôt elles vont pouvoir se repaître de chair humaine !... Du côté de Patay, comme dans la direction de Terminiers, tout est encore solitude et silence : partout règne ce calme apparent, perfide, qui précède toujours les grandes luttes.

Vers les huit heures, un coup de feu retentit, puis un second, puis plusieurs autres : ce sont les francs-tireurs de la Sarthe qui commencent leur journée. Un de nos petits postes vient de tirer sur une reconnaissance de cavalerie qui descend de Terminiers.

La 3e compagnie court au-devant des Prussiens. Ceux-ci s'arrêtent et se disposent à nous charger ; mais nos hussards ne leur en laissent pas le temps : prompts comme la foudre, ils s'élancent sur eux avec impétuosité, les sabrent, et, soutenus par les francs-tireurs, ils les ramènent vivement jusqu'à l'entrée du village.

Là se trouve posté, dans des jardins, un bataillon d'infanterie. Le capitaine Tétart, qui a aperçu de loin les casques noirs des Allemands, a toutes les peines du monde à retenir ses hommes qui, entraînés par leur fougue, veulent pénétrer dans Terminiers, au risque de s'y faire massacrer. Après avoir tiraillé quelques instants, la 3e compagnie se replie à son tour avec notre escadron, suivie de près durant un parcours d'environ mille mètres.

Rien n'annonce encore le mouvement que doit faire le 16e corps : aucune colonne française ne se montre.

Un peu plus tard, les francs-tireurs de la Sarthe couvrent la plaine dont nous avons parlé. Ils s'avancent, se retirent, ou bien, exécutant de rapides changements de front, il se portent successivement sur vingt points différents. Ces manœuvres ont pour objet, ici, d'obliger l'ennemi à se montrer, là, de le gêner dans ses travaux de terrassement, enfin de le tenir en haleine le plus longtemps possible.

Mais le général Chanzy est arrivé à Patay.

La 1re division s'ébranle aussitôt, et, conduite par notre brave amiral, elle débouche de tous les côtés à la fois, une partie de ses régiments pour tourner la droite des Allemands : Guillonville et Gommiers ; l'autre, pour attaquer son centre : Terminiers, Faverolles, Villepion, Monneville et Chauvreux.

Bientôt la mousqueterie résonne, le canon gronde, le général Michel[1] lance en avant ses

____

[1] Le général Michel avait remplacé le général Ressayre, blessé à Coulmiers.

intrépides escadrons : tout est en feu autour de nous.

Le rôle des francs-tireurs de la Sarthe était fini ; celui de nos vaillantes légions ne faisait que commencer [1].

. . . .

Dans la soirée, nous lisions avec enthou-siasme l'ordre du général Chanzy, qui débutait ainsi :

« Le 16e corps a su aujourd'hui, comme à
« Vallière et à Coulmiers, s'acquitter de sa
« tâche avec vigueur et entrain. Les résultats
« sont tels qu'on pouvait l'espérer : nous cou-
« chons au delà des positions d'abord assi-
« gnées ; l'ennemi, partout repoussé, parait
« opérer sa retraite dans la direction de Janville
« et de Toury ; il s'agit de le poursuivre vigou-
« reusement... »

Le général terminait par ces lignes :

« Le général commandant le 16e corps est

______

[1] Cette journée porte le nom de bataille de *Villepion.*

« heureux de porter à la connaissance des
« troupes la bonne nouvelle arrivée ce soir :
« grande victoire remportée à Paris par le gé-
« néral Ducrot, qui a forcé les lignes ennemies
« et marche vers l'armée de la Loire. Chacun
« puisera dans ce nouveau succès une nouvelle
« confiance pour l'issue prochaine de la grande
« cause que nous défendons. Châteaudun est
« évacué par les Prussiens ; des troupes fran-
« çaises y sont déjà arrivées, précédant le
« 21e corps. »

IV

SUR LA RIVE GAUCHE DE LA LOIRE

IV

SUR LA RIVE GAUCHE DE LA LOIRE

Le 4 décembre, les francs-tireurs de la Sarthe étaient à Orléans.

La veille, nous avions été choisis à Patay pour escorter un convoi de prisonniers ; et, vu la rapidité des mouvements de l'ennemi, à la suite des combats livrés à Loigny, Pourpry et Chevilly, il nous avait été impossible de rallier le 16e corps.

Ce fut donc à Orléans que nous assistâmes à

l'effroyable désastre qui frappa si fatalement l'armée de la Loire, lorsque nous étions pleins de confiance et d'espoir.

Il y avait deux jours que durait la lutte, — lutte vraiment gigantesque.

Le 2, à Loigny, le 16ᵉ corps, renforcé à la fin de la journée par le 17ᵉ, s'était défendu contre toute l'armée du grand-duc de Mecklembourg et les Bavarois du comte de Thann. La bataille avait duré de neuf heures du matin à six heures du soir; le sol, en maints endroits, avait presque disparu sous les cadavres et les blessés; et, malgré le dévouement sublime et la bravoure chevaleresque des Sonis, des Charette, des Bouillé, des la Touanne, des Montlaur, des Maricourt, des Saint-Venant et de tant d'autres, le nombre l'avait, cette fois encore, emporté sur le courage.

A Poupry, les 2ᵉ et 3ᵉ divisions du 15ᵉ corps avaient eu aussi à combattre des forces de beaucoup supérieures; mais, plus heureuses que les troupes du général Chanzy, elles avaient battu l'ennemi, non sans toutefois payer leur succès par de douloureux sacrifices [1].

Bien que nous eussions obtenu un avantage marqué sur ce point, la situation de l'armée de la Loire n'en était pas moins très compromise.

En effet, le lendemain 3, les masses allemandes ayant pu s'étendre et se joindre, elles avaient séparé complètement du 15e les 16e et 17e corps. Ceux-ci s'étaient retirés sur leurs anciennes positions, en arrière de Saint-Péravy, tandis que le premier, après avoir été attaqué simultanément à Chilleurs-aux-Bois, à Artenay et à Chevilly, avait dû se replier sur Orléans.

Et, par une aberration inexplicable, une partie de ces mêmes hommes qui, une heure auparavant, disputaient pied à pied le terrain aux Prussiens, avaient quitté leurs rangs, s'étaient débandés et avaient fui vers la ville.

---

[1] La 2o brigade de la 2ᵒ division se distingua tout particulièrement au combat de Poupry. Le brave général Martinez, qui la commandait, conduisit par deux fois ses soldats à l'assaut de maisons crénelées, le revolver au poing.

14.

Quant aux 18ᵉ et 20ᵉ corps, placés précédemment sous les ordres directs du ministre de la
guerre, ils étaient trop éloignés du théâtre de
ces derniers événements pour pouvoir être appelés par le général en chef : leur concours,
dans un pareil moment, eût changé la face des
choses.

Il va sans dire que nous ignorions la plupart
des tristes détails qu'on vient de lire, et qu'il
était nécessaire que je donne ici. Ces faits expli-
qués sommairement, je reprends mon *Journal*.

4 décembre. — Dès le matin, le canon et la
fusillade ont commencé à se faire entendre.

L'aspect de la noble cité de Jeanne d'Arc présente un aspect navrant. Les rues, les places et
les promenades sont parcourues par des bandes
de soldats, les uns ivres, les autres exténués de
fatigue et allant de porte en porte demander
l'hospitalité. Les hôtels et les cafés regorgent
d'officiers ; de longues files de voitures, de
toutes les formes et de tous les pays, entrent par
les faubourgs Bannier et Saint-Vincent, se diri-

geant vers la Loire qu'elles traversent à la hâte ; les estafettes sillonnent la ville, apportant des nouvelles ou emportant des ordres ; enfin, tout est mouvement et confusion extrême.

Hélas ! lorsque la démoralisation se met dans une armée, elle l'envahit, la désorganise, rapide comme la vague qui couvre en bondissant le bord de la falaise. Et l'on a pu s'étonner de ce que le général d'Aurelles de Paladines, obligé de se conformer aux conceptions insensées des stratégistes de Tours, et en présence du découragement profond qui s'était emparé de ses troupes, ait, ce même matin, télégraphié au ministre de la guerre qu'il regardait comme impossible la défense d'Orléans !...

Les détonations d'artillerie sont devenues plus fréquentes et plus rapprochées ; les feux de mousqueterie ont aussi redoublé d'intensité.

Des groupes anxieux se forment sur tous les points : on se récrie, on discute, on s'effraye à l'idée d'une deuxième occupation ; la consternation est générale. Les magasins se ferment, les établissements publics se vident, et les officiers qui s'y reposaient avec une insouciance coupable, honteux de s'être oubliés même un instant, courent à la recherche de leurs hommes, entraînant dans les tranchées ceux qu'ils ont pu réunir.

Le général Martin des Pallières a pris le commandement supérieur sous la direction du général en chef.

Les francs-tireurs de la Sarthe montent le faubourg Saint-Jean, où ils rejoignent un bataillon de chasseurs : le général Peytavin marche à notre tête. Il nous fait bientôt déployer en tirailleurs dans des vignes qui bordent la route à droite et à gauche. Il est environ deux heures, et la bataille est en ce moment dans toute sa violence : nos pièces de marine tonnent sans interruption ; chaque coup qu'elles tirent éclate avec un bruit terrible. Les orages du Nouveau-Monde ne sont rien auprès du tapage effroyable qui retentit tout autour de nous. On ne s'entend pas parler, le sol tremble, et des nuages de fumée enveloppent la ville d'un vaste et épais brouillard. Des dragons, qui reviennent et nous croisent, nous disent que l'ennemi approche rapidement. En effet, peu après, les balles et les obus des Allemands sifflent à nos oreilles ; couchés à plat ventre, nous leur répondons jusqu'à ce que nous ayons épuisé nos dernières cartouches. Le jour commence à tomber, la canonnade est plus vive que jamais, et des lueurs sinistres s'élèvent au-dessus du faubourg Bannier.

Dans la soirée, nous remplaçons, non loin de la batterie des *Acacias*, un bataillon de la Légion étrangère, posté là depuis le matin. Cette batterie est une de celles que desservent nos braves marins, dans les rangs desquels — que ne l'ai-je appris alors ! — s'était glissé sous un nom d'emprunt le héros de Saint-Jean d'Ulloa, de Tanger et de Mogador.

Bien jeune encore, j'avais eu l'honneur de débuter sous les auspices de M. le prince de Joinville, comme novice à bord de la frégate *la*

Belle-Poule ; j'ai conservé pour son auguste personne un culte tout particulier, et j'eusse été heureux de pouvoir lui dire :

« *Monseigneur, puisqu'on vous refuse ce que votre cœur si français sollicite avec une noble ardeur et une constante persévérauce, venez avec nous : vous serez notre chef, et tous nous serons fiers de vous obéir et de combattre sous vos ordres.* »

Voilà ce que j'eusse fait, certain d'avance de n'être ni désavoué ni trahi par aucun de mes compagnons d'armes, et sans me préoccuper davantage des alguazils du citoyen Ranc, qui surveillaient toutes mes actions depuis déjà plusieurs semaines. J'étais pour nos sinistres gouvernants de Tours un homme dangereux, un chouan, un orléaniste.... que sais-je ?

Nous regagnons vers dix heures la place Saint-Aignan. La lutte s'est considérablement ralentie ; le canon ne gronde plus qu'à de rares intervalles. Les francs-tireurs de la Sarthe voient défiler devant eux les quelques troupes

qui gardaient les tranchées ; elles rentrent ha-
rassées, abattues, et se dirigent silencieuses
vers l'intérieur de la ville. Je ne comprends que
trop ce qui se passe... l'armée évacue Orléans !

. . . .

Le pont de pierre, qui relie les deux rives de
la Loire, est envahi par une foule compacte, que
cherchent à fendre à chaque instant des atte-
lages d'artillerie : on se presse, on se pousse,
on se bouscule, on est violemment séparé les
uns des autres ; c'est une mêlée indescriptible !
Nous nous frayons difficilement un passage à
travers mille obstacles, et ce n'est qu'après des
efforts inouïs que nous parvenons à atteindre la
route qui conduit à Vierzon.

La nuit est claire ; le temps est rigoureuse-
ment froid : nous cheminons pas à pas, nous
arrêtant constamment pour laisser circuler nos
nombreux convois. Ces arrêts successifs aug-
mentent encore le désordre qui règne d'une
extrémité à l'autre de cette immense colonne.
Mes officiers et moi, nous redoublons d'atten-

tion pour maintenir, autant que possible, nos hommes à leurs rangs ; mais, malgré notre surveillance incessante, une partie de mes francs-tireurs s'égarent et nous perdent de vue.

Je quitte le 15ᵉ corps à Olivet ; j'ai hâte de rejoindre le général Chanzy, et j'espère traverser la Loire, soit à Beaugency, soit à Mer.

Nous arrivons au Val de Beaugency à la pointe du jour... Quelle nuit que celle que nous venions de passer !

5 et 6 décembre. — Le Val est séparé de la ville par la Loire. Le pont n'étant pas encore coupé, je me rends aussitôt à Beaugency, qu'occupe une colonne amenée de Tours par le général Camô. J'informe celui-ci de l'arrivée des francs-tireurs de la Sarthe, et de l'intention que j'ai de rallier au plus tôt le 16ᵉ corps ; il m'engage à demeurer sur la rive gauche, où notre présence peut être d'une grande utilité. J'apprends par lui que le général Chanzy, nommé au commendement en chef de la

Deuxième Armée, — 16ᵉ, 17ᵉ et 21ᵉ corps [1],
— a établi son quartier général à Jones.

Après nous être reposés quelques heures au
Val, nous continuons notre route sur Saint-
Laurent-des-Eaux.

J'ai dit que j'avais perdu beaucoup de monde
dans la nuit du 4 au 5. L'effectif du bataillon
était tout à coup tombé du chiffre de 500 hommes à celui de 225. Bien que je ne doutasse pas
que mes pauvres égarés ne fissent l'impossible
pour nous retrouver, je m'adjoignis provisoirement les militaires isolés que nous rencontrions
à chaque pas. Grâce à cet expédient, j'eus bientôt plus d'hommes qu'auparavant. Ces soldats

---

[1] Formé à la fin de novembre, le 21° corps venait d'être
placé sous le commandement du capitaine de frégate
Jaurès, nommé à cet effet général de brigade au titre
auxiliaire. On ne pouvait faire un meilleur choix, de même
que pour le chef d'état-major de ce nouveau corps d'armée,
le colonel Loysel, un évadé de Metz, vaillant officier
d'Afrique, de Crimée, d'Italie et du Mexique, où il avait
été attaché, comme aide de camp, à la personne de l'infortuné empereur Maximilien. Mis au mois de janvier à la
tête de l'*Armée du Havre*, le général Loysel fut chargé
de couvrir la Normandie.

de toutes armes appartenaient en partie au 15ᵉ corps : ils ne demandèrent pas mieux que d'être incorporés parmi nous, sur l'engagement que je pris d'en instruire le général en chef, et de faire régulariser par lui leur nouvelle position.

Saint-Laurent-des-Eaux, village d'une certaine importance, est limitrophe des départements de Loir-et-Cher et du Loiret. La Loire coule à sa gauche, à une petite distance ; au nord et à l'est, à un kilomètre environ, sont des bois, que coupent transversalement les routes d'Orléans à Blois et de Beaugency à Romorantin. Un chemin de grande communication, qui part de Saint-Laurent, mène sur la droite à La Ferté-Saint-Aubin, — route de Vierzon, — en passant par La Ferté-Saint-Cyr. Dans les bois se trouvent des fermes, des maisons de gardes et le château des Bordes appartenant à M. Paul Caillard [1], neveu du célèbre romancier Eugène Sue.

[1] M. Paul Caillard, que le marquis de Foudras avait en grande estime comme veneur et écrivain cynégétique, ser-

Ce pays, très couvert sur une assez vaste étendue, devait nous permettre de surveiller l'ennemi, et de retarder le plus possible sa marche. A la fin d'octobre, le commandant Cathelineau avait déjà occupé Saint-Laurent-des-Eaux, et, à cette époque, ses braves volontaires avaient plusieurs fois repoussé les Prussiens, qui s'étaient avancés jusqu'aux villages de Lailly et des Trois-Cheminées, dans la direction d'Orléans.

Dès le même soir, je suis prévenu que des uhlans ont traversé Cléry. Il n'y a plus à en douter, les Allemands descendent la rive gauche.

J'envoie immédiatement à Jones un de mes officiers, pour avertir le général Chanzy de ce qui se passe de notre côté. Le capitaine Fleury rentre au milieu de la nuit ; il est porteur du billet suivant :

vait au corps Cathelineau avec le grade de capitaine. Il s'y distingua en maintes circonstances, fut mis deux fois à l'ordre du jour et décoré pour sa belle conduite au feu.

« Jones, le 6 décembre 1870.

« Mon cher Commandant.

« Je reçois votre lettre de ce soir, 4 heures.
« Je suis *très satisfait* de vous savoir à Saint-
« Laurent-des-Eaux, où la présence de uhlans,
« en avant de ce village, m'avait déjà été signa-
« lée. Tenez cette position importante avec votre
« bataillon et les hommes que vous avez ramas-
« sés, et renseignez-moi exactement par Mer, où
« se trouve une station télégraphique avec la-
« quelle je suis en communication, sur tout ce
« qui se passera sur la rive gauche de la Loire.
« Je suis même tout disposé à vous envoyer du
« renfort, si cela vous était nécessaire. Tâchez
« de savoir quelle peut être la force des partis
« ennemis, le long de la Loire, de votre côté, et
« si une démonstration sérieuse semble devoir
« être faite dans la direction de Blois par les

« corps allemands qui ont pu passer la Loire à
« Orléans.

   « Le général commandant en chef.

      « *Signé :* CHANZY. »

7 décembre. — L'ennemi pouvant déboucher,
soit par la route d'Orléans, soit par celle que
nous avions suivie la veille, ou bien encore par
les bois qui s'étendent jusqu'à la Ferté-Saint-
Cyr, je dispose mes postes et mes grand'gardes
de manière à couvrir complètement le front du
village, à une distance de 500 mètres ; des patrouilles ne cessent de parcourir le chemin de
halage, et rayonnent du point nommé les
Quatre-Chemins à la ferme de Moque-Baril.

Dans la matinée, nous entendons sur notre
gauche comme un orage lointain : c'est la
deuxième armée de la Loire qui commence sa
série de glorieux combats, — « *la retraite infernale* ». Mandonnet, qui a été au delà de
Lailly, rentre vers midi, nous annonçant l'approche des Prussiens ; il en ignore le nombre,

15.

mais ils ont de l'artillerie. Je le renvoie aux informations, et, un peu plus tard, je sais par lui qu'une colonne, évaluée à 4,000 hommes, campe en arrière de Lailly ; il m'apprend également que le 15ᵉ corps est poursuivi dans la direction de la Sologne.

Un bataillon d'infanterie du 31ᵉ de marche et six obusiers arrivent de Mer, envoyés par le colonel Baille. Le capitaine qui commande ces troupes, et qui eût dû se placer sous mes ordres, se borne à me prévenir qu'il prendra position dans la forêt dès les premières heures du jour, emmenant avec lui ses canons. Je lui observe qu'il commet une grande imprudence, car il risque beaucoup, isolés et faibles comme nous le sommes, de voir enlever ses pièces. Cet officier ne veut pas écouter mes raisons, et je crois devoir en rendre compte sans tarder au général en chef[1].

[1] Le général en chef envoyait le même soir cette dépêche au colonel Baille :

« Jones, 7 décembre, à huit heures un quart.

« J'apprends que vous avez cru devoir envoyer une

8 décembre. — Bien que le 31ᵉ opérât sans notre concours, je n'en prends pas moins toutes les mesures nécessaires pour l'empêcher d'être tourné ; mes compagnies sont aussi prêtes à marcher aux premiers coups de feux.

Des francs-tireurs arrêtent deux étrangers au moment où ceux-ci quittaient le village pour se diriger sur Orléans. L'accent allemand fortement prononcé de ces personnes a paru suspect, et, bien qu'un drapeau d'ambulance flottât au-dessus de leur calèche, on les empêche de con-

batterie d'artillerie au delà de la Loire ; faites-moi connaître pour quel motif et par quel ordre. Cette batterie, si elle n'est pas bien soutenue, court risque d'être enlevée et devient un embarras pour les francs-tireurs, qui sont en trop petit nombre pour la protéger. Faites-la donc replier immédiatement sur Mer. Toutefois, comme il est possible que j'envoie du renfort au commandant de Foudras, faites étudier l'emplacement d'une batterie à établir derrière un épaulement, et sachez me dire si on peut la replier promptement et sans danger sur Mer, en protégeant sa retraite, ainsi que celle des troupes qui seraient engagées sur la rive gauche, par le feu des batteries que j'ai prescrit au génie et à l'artillerie d'étudier sur la rive droite. » (*Histoire de la deuxième armée de la Loire*, par le général Chanzy. Appendice du livre II, note 6, page 489.)

tinuer leur route. Ils me sont amenés ; et, sur les explications qu'ils me donnent, ainsi que d'après les papiers qu'ils me présentent, je vois bientôt que loin d'avoir affaire à des espions, ces voyageurs sont Mme Angel Dolfus, la fille du grand citoyen de Mulhouse, et un jeune médecin qui l'accompagne pour aller à la recherche d'un de ses fils blessé peu de jours auparavant. Inutile d'ajouter que je m'empresse de les laisser repartir, les engageant toutefois à passer par La Ferté-Saint-Cyr, où l'ennemi ne m'est pas encore signalé.

Une partie de la journée s'écoule paisiblement. Vers trois heures, une vive fusillade retentit dans la direction des bois, accompagnée de détonations bruyantes et précipitées. Je donne l'ordre à tout mon monde de se porter au pas de course sur le lieu du combat, et, moi-même, je prends les devants, suivi des quelques cavaliers qui comptent parmi nous. Je viens précisément de recevoir du général Barry les lignes suivantes :

« Mer, 8 décembre, midi.

« Mon cher Commandant,

« Étant chargé d'une *mission spéciale* à Saint-
« Laurent-des-Eaux, vous avez sous votre com-
« mandement direct toutes les troupes appelées
« à concourir au but de cette mission, à moins
« qu'il n'en soit disposé autrement.

« Il m'est impossible de vous envoyer un seul
« homme de renfort.

« Le général de division,

« *Signé :* Barry. »

A l'entrée de la forêt, nous croisons des soldats qui ont quitté leurs camarades et se sau-
vent à toutes jambes. Je veux les arrêter, mais
ils restent sourds à mes menaces. Un peu plus
loin, nous en rencontrons d'autres qui, ainsi
que les premiers, refusent de rebrousser chemin. Ces malheureux ne craignent pas d'accuser
leurs chefs, tandis que ceux-ci se battent intré-
pidement. Nous sommes bientôt obligés de nous
mettre à couvert, car les obus et la mitraille

tombent et ricochent tout autour de nous. J'atteins enfin une espèce de clairière, au milieu de laquelle nos pièces sont en batterie et répondent vigoureusement au feu des Allemands. A une centaine de mètres sur la gauche, se trouvent les officiers du 31ᵉ de marche ; entourés d'une poignée d'hommes, ils essayent de résister encore à l'ennemi, dont je distingue parfaitement les masses profondes se mouvant à travers les taillis. Le sol est jonché de morts et de blessés ; l'infortuné capitaine qui commandait le bataillon est étendu la face contre terre : une balle lui a traversé le corps. Jugeant insensé de prolonger davantage cette lutte disproportionnée, et tenant avant tout à sauver nos canons, j'ordonne la retraite, prescrivant au lieutenant d'artillerie de gagner Saint-Laurent en se faufilant sous bois. Je garde seulement deux de nos obusiers, que j'établis un peu en arrière, sur la route ; soutenus par le feu de mes francs-tireurs, ils parviennent à maintenir à distance nos nombreux assaillants. La nuit est venue faire cesser le combat, et nous en profitons pour rentrer sans être poursuivis.

Ce moment de répit ne pouvait être de bien longue durée. Je connaissais à peu près les forces que nous avions devant nous; le chiffre de 4,000 hommes, fixé par Mandonnet, m'avait été confirmé; nous devions donc nous attendre à être de nouveau attaqués, et, dans cette prévision, il était prudent de ne pas nous exposer à un désastre certain.

En conséquence, je décide que nous irons coucher à Mer. J'en avise le général Barry, et je lui adresse en même temps mon rapport sur les événements de la journée. J'envoie aussi une dépêche au général Chanzy, car il est urgent qu'il apprenne au plus tôt cette marche des Allemands sur la rive gauche. Leur objectif doit être Blois, et de graves complications peuvent en résulter pour la deuxième armée.

J'ai rappelé mes grand'gardes et mes postes extérieurs. Tout à coup, le cri : *Aux armes!* se fait entendre, et des coups de fusil éclatent à l'entrée de Saint-Laurent.

Des uhlans, lancés à fond de train, ont voulu pénétrer dans le village; mais le lieutenant Folie-Dupart, qui garde ce point avec sa section, reçoit ces enragés rôdeurs comme il convient : trois d'entre eux tombent sous nos balles. L'un de ces misérables a le fer de sa lance encore rouge du sang de nos malheureux blessés qu'il a dû achever en venant!...

Nous ne commençons notre mouvement de retraite qu'assez tard dans la soirée; le manchot, reparti en mission le matin, n'a pas reparu, et je quitte Saint-Laurent-des-Eaux très inquiet sur son sort. La colonne défile, l'artillerie et les soldats de la ligne en tête, nous, formant l'arrière-garde.

Nous arrivons à Muides au milieu de la nuit; des instructions du général Barry qui m'attendent portent que je dois m'arrêter là jusqu'après la coupure du pont, et me retirer ensuite sur la forêt de Chambord.

9 décembre. — Nous sommes à Saint-Dié-sur-Loire, où nous faisons la grande halte : l'artillerie est en arrière du village, et chacun prend son repas. Un hussard que j'ai envoyé pour surveiller la direction de Muides arrive ventre à terre, annonçant que l'ennemi est à deux kilomètres à peine. Je rassemble vivement mes francs-tireurs, et, ayant donné l'ordre au lieutenant d'artillerie de continuer sa marche directement sur Blois, et au 31e d'escorter les pièces, je dispose aussitôt mes quatre compagnies, les 1re et 2e dans un clos entouré de murs, sur le bord de la route, les 3e et 4e, non loin de là, derrière un corps de ferme. Je suis décidé à tenir jusqu'à la dernière extrémité pour sauvegarder notre artillerie qui s'éloigne, car ces troupes sont sûrement celles avec lesquelles nous avons été engagés la veille.

A environ trois cents mètres, la route fait un coude. Par là débouche bientôt un groupe de cavaliers ; ils s'avancent au petit trot, absolument comme s'il se fût agi pour eux d'une simple promenade : ils ne peuvent, du reste, nous apercevoir, tous mes hommes étant soigneusement cachés. Mais la pointe d'une baïonnette vient de nous trahir : ils tournent bride ; ce que voyant, je crie :

« *En avant! la Sarthe en avant!* »

Les francs-tireurs se précipitent, et, tout en courant, ouvrent le feu sur les Prussiens, qui, cette fois, n'enfoncent pas les éperons dans le ventre de leurs chevaux : ils se retirent toujours à la même allure.

De mon côté, je m'apprête à charger avec ce que je nomme emphatiquement « *ma cavalerie!* », c'est-à-dire l'aide-major de Bonneuil [1], quatre hussards du 6° et un dragon du 7°. Nous piquons droit sur les Allemands... mais ceux-ci ont dépassé l'angle de la route, et, faisant place à deux pièces de canon, une volée de mitraille siffle bruyamment à nos oreilles.

---

[1] Jeune, instruit, dévoué, d'une bravoure excessive, le docteur de Bonneuil maniait à l'occasion l'épée comme son scalpel.

Mes francs-tireurs tourbillonnent sur eux-mêmes : ce mouvement de surprise ne dure que le temps que brille un éclair; à la voix de leurs officiers, ils se déploient rapidement en tirailleurs, et c'est bravement, fièrement! qu'ils se disposent à affronter le fer destructeur. Nous n'attendons pas longtemps.

L'artillerie recommence à tirer violemment; d'autres pièces se sont jointes aux premières, des bataillons et des escadrons suivent de près ; ils se massent, s'étendent, poussant avec frénésie leur traditionnel *hurrah*.

Le combat n'est engagé que depuis quelques minutes, et déjà nombre de morts et de blessés a éclairci nos rangs. Ici, le franc-tireur Hervé a la tête emportée par un boulet; là, c'est Morin, un vieux braconnier de Bonnétable, dont le ventre est ouvert, et qui, tout en cherchant à contenir ses intestins de son avant-bras gauche, n'en continue pas moins à décharger son arme; plus loin, le caporal Guillerme tombe en criant : *Vive la Sarthe!*

Honneur à de tels hommes !

Tout en combattant, nous nous rabattons sur le village, que nous traversons au pas de course, au bruit de l'infernale musique que font les obus, les boîtes à mitraille et les balles. Une malheureuse femme est coupée en deux au moment où elle ferme les volets de sa maison ; trois ou quatre francs-tireurs roulent aussi par terre... nous atteignons enfin la route de Blois.

Cette route est encaissée en plusieurs endroits ; elle est bordée de vignes à droite et à gauche. L'ennemi est sur nos talons ; son artillerie ne discontinue pas de tonner. Le capitaine Fleury et une centaine d'hommes soutiennent la retraite, en longeant le bord de la Loire, car c'est de ce côté que je crains d'être débordé. J'ai fait prévenir le général Michaud, à Blois, de ce qui se passe.

La lutte se poursuit active et terrible ; notre arrière-garde surtout a une bien lourde tâche, et ce n'est que pied à pied, en essuyant des pertes énormes, qu'elle cède le terrain à nos innombrables adversaires. Le capitaine Fleury se bat comme un lion ; le lieutenant Folie-Dupart entraîne également ses francs-tireurs par son ardeur et son bouillant courage ; frappé d'une balle, il s'affaisse en poussant un cri de rage... il était mort !

Nous nous défendons ainsi jusqu'au delà de Montlivault. Les Prussiens ralentissent alors leur poursuite, et nous finissons par leur échapper.

De toute la campagne, la journée du 9 décembre fut celle qui coûta le plus cher aux francs-tireurs de la Sarthe : trente-sept valeureux soldats, y compris notre regretté camarade, payèrent de leur vie cette glorieuse résistance [1].

Nous venions d'avoir affaire à forte partie, ainsi que le prouve la dépêche allemande que je cite ici, non sans orgueil :

[1] Sur ma proposition, le capitaine Fleury fut nommé chevalier de Légion-d'Honneur, en récompense de la bravoure qu'il déploya en cette circonstance.

« A la reine Augusta.

« Versailles, le 11 décembre 1870.

« Des fractions du 9e corps d'armée ont, le
« 9, rencontré à Saint-Dié-Montlivault, près de
« Blois, une *division* ennemie, dont l'attaque a
« été repoussée d'une manière décisive. L'aile
« gauche du corps chassa l'ennemi de Cham-
« bord, opération dans laquelle un bataillon
« hessois s'est emparé de 5 canons. Le 3e corps
« d'armée a poursuivi, le 8, jusqu'au delà de
« Briare, l'ennemi battu à Nevoy.

« *Signé :* DE PODBIELSKI. »

« *Une division ?...* » nous n'étions pas six
cents !

A l'entrée du faubourg de *Vienne*, nous rencontrons un régiment de lanciers envoyé à notre
secours. J'arrête ces troupes, et, me transpor-
tant immédiatement à la préfecture, j'y vois le
général Michaud, qui ne peut d'abord croire au
danger prochain dont il est menacé : il ignorait

encore le désastre de Chambord. Après m'avoir entendu, il est bien forcé de se rendre à l'évidence, et il bénit le hasard heureux qui a fait que nous nous soyons précisément trouvés en travers des Allemands.

Quelque repos étant absolument nécessaire à mon bataillon, je demande et obtiens du général l'autorisation de me porter un peu plus en arrière. Je laisse donc l'artillerie et le 31e de marche, qui nous avaient devancés, rejoindre leurs corps respectifs, et nous nous dirigeons sur Onzain, à 17 kilomètres au sud-ouest de Blois, sur la rive droite de la Loire.

Au moment où nous quittions la ville, la générale battait de toutes parts.

10, 11 et 12 décembre. — Notre séjour à Onzain me permet de remettre un peu d'ordre dans le bataillon des francs-tireurs de la Sarthe.

Pauvre et brave bataillon! avec quelle constance, quelle énergie, il avait enduré le froid et la fatigue de nos dernières et si pénibles marches! Jamais une plainte n'était sortie de la bouche de ces hommes, qui savaient souffrir avec une résignation que je ne me lassais pas d'admirer; et cependant, ainsi que je l'ai dit au début de ce *Journal*, plusieurs d'entre eux étaient presque des enfants! Je n'avais eu également qu'à me louer des soldats de la ligne incorporés parmi nous. Ils s'étaient montrés les dignes émules de leurs nouveaux camarades.

Je suis heureux de trouver dans la personne du maire, M. le docteur Girault, un fonctionnaire compatissant et bon, qui, durant le temps que nous restons à Onzain, ne cesse de nous entourer de prévenances de toutes sortes.

« C'est ici un petit paradis! » s'écrient mes francs-tireurs, joyeux d'être si bien nourris et si bien couchés.

M. Bastien, percepteur, me tire aussi d'embarras; voici comment :

Mon officier-payeur, le lieutenant Garnier, s'était égaré dans la nuit du 4 au 5. Il était porteur des fonds du bataillon, et, par suite de sa disparition, je n'avais pu continuer à faire chaque jour la solde, suivant l'usage que j'avais adopté. Ne pouvant prolonger plus longtemps une pareille situation, je m'adressai au percepteur, qui voulut bien, après que j'en eus référé à Blois et sur la présentation d'états de solde réguliers, me verser tout l'argent qu'il avait en caisse.

C'est à Chaumont, où je vais voir le vicomte E. Walsh, un vieil ami de mon père, que je lis la dépêche par laquelle le ministre de la guerre annonçait aux préfets l'*abandon* d'Orléans. Nous sommes indignés des calomnies déversées sur notre ancien général en chef, lui, l'honneur et le courage personnifiés. C'est à douter, à désespérer de tout !

Si nos cœurs se soulèvent de dégoût à la nouvelle de ces turpitudes, ils bondissent d'orgueil en entendant proclamer les hauts faits de la deuxième armée.

Quelle défense héroïque que celle du général Chanzy !

A Foinard, à Vallière, à Langlochère et à

Massas, à Villechaumont et à Cravant, à Villor-
ceau ! partout il a résisté, lutté avec avantage !
Trois corps, les 16e, 17e et 21e, tiennent en échec
une puissante armée... C'est beau, c'est grand,
c'est sublime ! Et ce n'est pas tout ; à ces combats
sanglants, il faut ajouter ceux de Cernay et de
la Villette, de Travers, de Villejouan et du Coudray : autant de journées, autant de gloires
pour nos vaillantes divisions ! Chanzy se retire,
il est vrai... mais en six jours quelle distance
a-t-il parcourue ? *Quelques* lieues à peine. Il a
perdu du monde, beaucoup de monde... mais les
Allemands en ont perdu bien plus encore[1] !

[1] « Toutes les fois qu'il s'agira de la défense de son
territoire et de son honneur, la France s'inspirera de la
belle résistance de Chanzy », dit M. Arthur Chuquet, dans
la préface de son beau livre, *le Général Chanzy,* édité
récemment par Léopold Cerf.

« Mais Chanzy, ajoute-t-il, n'était pas seulement un
homme d'épée. Devenu diplomate, il représenta dignement
la France républicaine à la cour de Russie. Ce fut un ad-
ministrateur habile et vigoureux : le même homme qui dis-
putait pied à pied le sol de la patrie à l'envahisseur, et
qui, dans la dernière année de sa vie, à la tête du 6e corps
d'armée, assurait la défense de la frontière de l'Est, gou-

Malheureusement, nos derrières sont sérieusement menacés. Les colonnes qui nous poursuivaient campent maintenant sur les hauteurs, en face de Blois, et le général Barry, arrivé depuis la veille, pourra-t-il, avec les troupes dont il dispose, empêcher l'ennemi de s'emparer de la ville ?

Un pont relie Chaumont à Onzain. Prévoyant que les Prussiens continueront à descendre la rive gauche, j'ordonne que ce pont, qui avait été imparfaitement coupé par le génie, peu d'instants après mon retour de chez le vicomte Walsh, soit brûlé. Comme on achève cette opération, des cavaliers allemands débouchent au-dessus de Chaumont; la 2ᵉ compagnie, de grand'garde sur la rive droite, échange avec eux de nombreux coups de fusil.

Dans la soirée, le chemin de fer cesse de mar-

verna l'Algérie pendant six ans et donna à la colonisation de notre grande province d'Afrique un développement rapide et fécond. »

(Note de cette nouvelle édition.)

cher; il en est de même du télégraphe d'Onzain : j'en augure que les choses se compliquent à Blois. Cette opinion m'est bientôt confirmée par un de mes officiers que j'avais envoyé pour accompagner des gens arrêtés comme suspects : le général Barry se dispose à partir, et il me fait dire de me replier de mon côté sur Vendôme. Je réunis aussitôt le bataillon.

Bien que notre convoyeur eût bu outre mesure, il finit cependant par pouvoir atteler, sur ma menace de le congédier et de garder ses charrettes et ses chevaux.

Cet homme se nommait Malourat. Réquisitionné pour transporter nos munitions et nos bagages de Terminiers à Rouvray, le 30 novembre au matin, le pauvre diable ne nous avait plus quittés : il était demeuré forcément parmi nous, ainsi que son fils, jeune gars de dix-sept ans.

En apprenant qu'il ne lui était pas permis de rentrer dans son village, Malourat avait eu un violent accès de désespoir.

« Que vont devenir sans moi ma femme et mes enfants ?... s'était-il écrié en versant un torrent de larmes. Mon Dieu ! mon Dieu ! »

Le lendemain, il nous avait suivis sur la route de Guillonville, en pleurant de plus belle.

« Ah ! avait-il dit, s'adressant à la fois à son fils et à la bête qu'il conduisait, André... la *Grise*... nous sommes... fichus ! »

Le surlendemain, il était venu à moi.

— Monsieur le commandant, je n'ai absolument que les vêtements que je porte ; comment ferai-je ?

— Si ce n'est que cela, mon brave, avais-je répondu, vous ferez comme les camarades : vous vous en contenterez.

Il avait encore essayé de m'attendrir ; malgré ses prières, j'étais resté inexorable.

Petit à petit, et la bouteille aidant, Malourat s'était calmé et avait même paru prendre goût à son nouveau métier.

Il fit avec nous toute la campagne, assistant de loin aux combats, continuant à boire sec

mais ne nous en rendant pas moins de grands
services.

Qui sait ? Peut-être aujourd'hui Malourat dit-il
fièrement :

« Moi aussi, j'ai fait la guerre... J'étais aux
francs-tireurs de la Sarthe ! »

13 et 14 décembre.. — Nous avons rejoint le
16ᵉ corps à Vendôme ; c'est l'amiral Jauréguiberry qui le commande depuis que le général
Chanzy a été mis à la tête de la deuxième armée. Celle-ci occupe déjà les positions qui lui
ont été assignées, pour le cas où l'ennemi — et
c'était inévitable — chercherait à s'emparer de
Vendôme, point des plus importants, car il est
le nœud des routes d'Angers à Châteaudun le
long du Loir, du Mans à Blois par Saint-Calais
et Épuisay, et de Tours à Chartres par Château-
Renault, Cloyes et Bonneval.

La ville est construite dans un fond, sur les
bords du Loir ; elle est dominée de très près,
sur la rive droite, par les hauteurs d'Azay, de
Touche-Belle, de Bel-Air, de la Touche et de

Bel-Essort ; sur la rive gauche, par le plateau de Sainte-Anne : là, aboutissent les routes de Chartres et de Blois.

C'est ce plateau que le 16e corps est chargé de défendre.

Je vais voir le général en chef et l'amiral : ce dernier me donne l'ordre d'aller m'établir à la ferme de Malignas en avant de Sainte-Anne, avec mission d'appuyer le 2e chasseurs de marche, qui, cantonné à Périgny, Villeromain et Crucheray, éclaire au loin la direction de Blois.

Le général Vuillemot, chef d'état-major général, m'avait remis une copie de l'ordre du jour suivant :

« Vendôme, le 14 décembre 1870.

« Soldats de la deuxième armée !

« Depuis quinze jours vous n'avez cessé de
« combattre. Vous avez lutté héroïquement
« contre la principale armée allemande, com-
« mandée par le prince Frédéric-Charles, et si

« chaque jour vous n'avez pas complètement
« battu l'ennemi, comme à Vallière, à Coul-
« miers, à Villepion, vous n'avez jamais subi de
« défaites, puisque chaque soir vous avez cou-
« ché sur vos positions, disputée avec acharne-
« ment de l'aube à la nuit. Pendant cinq jours,
« la deuxième armée, appuyant sa droite à la
« Loire, sa gauche à la forêt de Marchenoir,
« s'est maintenue dans ses lignes en avant de
« Jones ; et les batailles des 7, 8 et 9 décembre
« ont été aussi glorieuses pour vous que fu-
« nestes à l'ennemi, qui, de l'aveu de ses pri-
« sonniers, a subi des pertes considérables,
« surtout en officiers de tous grades.

« Des considérations stratégiques vous ont
« ramenés sur les positions que vous occupez
« actuellement. Vous les conserverez, quels que
« soient les nouveaux efforts de l'ennemi, qui
« ne s'acharne à vous que parce qu'il comprend
« que vous êtes pour lui l'obstacle et la résis-
« tance.

« Ce que vous venez de faire, malgré des pri-

« vations forcées, des fatigues incessantes, le
« froid, la neige, la boue de vos bivouacs. vous
« le continuerez, puisqu'il s'agit de sauver la
« France, de venger notre pays envahi par des
« hordes de dévastateurs.

« Pour nos nouveaux efforts, il faut l'ordre,
« l'obéissance, la discipline ; mon devoir est de
« l'exiger de tous : je n'y faillirai pas. La France
« compte sur votre patriotisme, et moi, qui ai
« l'insigne honneur de vous commander, je
« compte sur votre dévouement et votre persis-
« tance.

« Le général en chef,

« Signé : CHANZY. »

Et il s'est trouvé des gens d'assez mauvaise
foi pour prétendre que l'armée de la Loire n'a-
vait rien fait !... Oseraient-ils le dire encore ?

La ferme de Malignas est à sept kilomètres
environ de Vendôme ; nous gardons ce poste
conjointement avec un bataillon de marche ; la
2e compagnie des francs-tireurs de la Sarthe est

17.

détachée non loin de là, au château du Coudray.

Il pleut à verse depuis la veille.

15 décembre. — La pluie a enfin cessé ; la température s'est aussi considérablement radoucie, mais les chemins sont impraticables : la boue est onctueuse, profonde, et l'on ne peut se risquer au dehors sans enfoncer jusqu'à mi-jambes ou courir le risque de perdre l'équilibre.

Nous sommes rappelés à Vendôme ; l'ennemi, paraît-il, est déjà signalé.

Nous rallions sur la route de Blois notre cavalerie, qui se replie en tiraillant ; nous nous joignons à elle, et c'est ainsi, retardant par notre feu la marche des Allemands, que nous arrivons à hauteur du faubourg du Temple : il est un peu plus de midi.

Le jour précédent, les Prussiens, débouchant tout à coup près de Morée et de Fréteval, avaient attaqué le 21e corps. Celui-ci s'était maintenu dans ses positions, non sans craindre un retour offensif immédiat, car, d'après des renseignements qu'on ne pouvait mettre en doute, l'intention évidente du grand-duc de Mecklembourg était de pénétrer dans la forêt de Fréteval et de tourner notre gauche, tandis que le prince Frédéric-Charles tenterait une attaque directe sur Vendôme.

La lutte va donc recommencer sans qu'il soit donné à la deuxième armée, qui en a si grand besoin, le temps de se reposer et de se refaire.

Le 59e de marche est déployé à cheval sur la route de Blois et en avant du Temple, les gendarmes à pied et le 27e mobiles (Isère) à sa gauche, le 62e à sa droite, les 39e, 32e et le 16e bataillon de chasseurs couvrant le château de la Chaise, avec une batterie de 4 placée derrière des épaulements élevés à la hâte. Le reste de l'artillerie a pris position, les mitrailleuses et trois batteries battant le plateau, une section de 4 sur la route même, pour l'enfiler dans toute sa longueur, et enfin, à l'extrême gauche, six pièces de 4 fouillant le ravin de la Houzée et le bois de Pézery. Le 17ᵉ corps est échelonné sur la rive droite du Loir [1].

Lorsque nous démasquâmes les fortes colonnes ennemies qui nous suivaient, l'amiral achevait à peine de prendre ses dernières dispositions. Quelques instants plus tard, la bataille de Vendôme commençait.

Nous en sommes spectateurs inactifs. Notre rôle — je le répète — n'étant pas de combattre en ligne, c'est du bas de la rampe qui conduit de la ville au faubourg que nous assistons à ce grand duel d'artillerie dont les éclats retentissants se répercutent au loin. Il dure jusqu'à la nuit, acharné, sanglant ! Malgré leurs efforts, les Allemands n'ont pu faire reculer le 16ᵉ corps, qui couche sur le plateau qu'il a si vaillamment défendu.

.   .   .   .

[1] Le 17ᵉ corps, sous l'impulsion énergique de son nouveau chef, le général de Colomb, qui avait remplacé l'héroïque Sonis, blessé à la bataille de Loigny, s'était, à l'exemple des 16ᵒ et 21ᵒ corps, vaillamment comporté durant cette mémorable retraite. M. le général de Colomb,

Le soir, les francs-tireurs de la Sarthe quittaient Vendôme pour se diriger sur le Mans.

La tenue de mes hommes se trouvait dans un tel état de délabrement, qu'il était de toute nécessité de pourvoir le plus promptement possible à un nouvel équipement. Les vêtements et la chaussure étaient en lambeaux ; de plus, je voulais changer notre armement, qui consistait en fusils Snider, et pour lequel on ne se procurait que très difficilement des cartouches. Ces motifs firent que l'amiral acquiesça à ma demande, me recommandant toutefois de presser cette organisation, ce à quoi je m'engageai.

... Le 18, nous rentrions au Mans ; mais, hélas ! plus d'un de ceux qui m'avaient suivi en partant manquaient dans nos rangs.

par son patriotisme et son mérite comme homme de guerre, ne peut manquer un jour de briller plus encore.

V

LE MANS. — CHATEAU-RENAULT

NOTRE RETRAITE SUR LAVAL

V

LE MANS. — CHATEAU-RENAULT

Notre retraite sur Laval.

Je retrouvai au Mans la plus grande partie des francs-tireurs qui s'étaient perdus dans la nuit de la retraite d'Orléans. Ces braves soldats, inconsolables de leur séparation d'avec le gros bataillon, avaient pu gagner Tours, les uns par petits groupes, les autres isolément ; de là ils étaient entrés dans la Sarthe, où ils pensaient que nous reviendrions tôt ou tard.

Mon officier-payeur et le manchot Mandonnet étaient au nombre de ceux qui attendaient notre

arrivée avec une vive impatience. Le premier,
après avoir suivi le 15ᵉ corps jusqu'à Vierzon,
s'était — ainsi qu'il le disait plaisamment —
« embarqué » pour Saincaize, puis pour Mou-
lins, Montluçon, Poitiers, Angers... ; bref, il
avait fini « par atterrir ». Quant au second, il
avait vu la mort de bien près. Arrêté à Lailly
par les Allemands le 8 décembre, il s'était
échappé le lendemain matin, quelques heures
seulement avant le moment fixé pour son exécution. N'ayant pu regagner Blois, il s'était
alors rabattu sur Tours ; mais là on l'avait
incarcéré, et cette fois bel et bien comme espion
prussien ! Heureusement pour lui, le lieutenant-
colonel Clary, chef d'état-major du général Sol,
me connaissait, et il avait obtenu son élargisse-
ment.

Le bataillon est caserné à Pontlieue, derrière
le quartier de cavalerie.

Je m'occupe sans tarder de la réorganisation
du corps. Les francs-tireurs du Gard me de-
mandent à se joindre à nous ; j'accepte leur

offre, et, de même qu'autrefois ceux de Senonches, ils prennent le numéro 5. L'effectif de
chaque compagnie est porté à cent vingt hommes, non compris les cadres ; je permets aux
capitaines de se monter ; enfin, l'intendance
ayant bien voulu m'autoriser à passer un marché, je traite avec un fournisseur pour l'habillement de tout mon monde.

L'armée s'étant repliée le 16 de Vendôme sur
le Mans, la ville est pleine de troupes qui la traversent ou qui y séjournent momentanément.

Pour quiconque se promène dans la rue Du-
mas où sur la place des Halles, le Mans paraît
gai, animé, ruisselant d'or et de plaisirs. C'est
dans les cafés et aux portes des établissements
où l'on dîne, c'est au seuil de la *Boule-d'Or* et
de l'*Hôtel de France* qu'il faut aller vers six
heures du soir, pour voir, dans toute leur impu-
dence, l'insouciance et l'égoïsme de cette foule
bigarrée qui ne pense qu'à son bien-être, tandis
que, tout autour d'elle, de pauvres soldats n'ont
pas même le nécessaire. Ici, on s'appelle

bruyamment, on rit, on chante ! là, on souffre, on agonise, on expire ! car diverses maladies, entre autres la petite vérole, sévissent avec une effroyable intensité.

Ce qui est triste et blâmable au point de vue humanitaire est devenu une vraie bonne fortune pour les marchands, qui s'entendent pour vendre à double prix ce dont on ne peut se passer, et font, grâce aux malheurs des temps, de superbes bénéfices : fonds de magasins, armes de pacotille, conserves avariées, ils ont un écoulement prompt et facile de tout ce qu'ils possèdent. Une vente qui a également atteint un degré prodigieux, c'est celle des journaux. On s'arrache avec avidité les feuilles politiques, de toutes couleurs, de la Sarthe et des départements voisins. Elles contiennent beaucoup d'opinions très différentes sur la situation, des fables touchantes où l'on raconte la guerre, quelques plans de campagne trouvés sur les carnets des avocats, mais de faits peu ou point. Tours est tombé aux mains des Prussiens, c'était inévitable ; le gouvernement s'est réfugié à Bordeaux. Tout ce que j'entends, tout ce que je lis, me confirme dans l'indignation que je ressentais à Orléans, contre les deux hommes qui s'entêtent à diriger les opérations militaires. Les gens qui aiment à se flatter prétendent que Bourbaki conduit ses troupes en Allemagne, et qu'au nord le général Faidherbe commande une armée considérable. « *Chasser l'étranger ou périr !* » voilà le programme officiel... C'est certainement bien dit, mais cela suffit-il ?

Grâce aux mesures énergiques prises par le général en chef, l'encombrement diminue d'une manière sensible, et il ne reste bientôt dans la ville que certains corps, qui, comme nous, achèvent de se réorganiser. Il est expressément défendu aux officiers et aux soldats de venir au Mans sans permissions régulières ; des instructions sévères prescrivent aussi que tous les cafés fermeront à neuf heures précises ; cela se fait exactement. Partout les lumières s'éteignent en même temps, et les portes des établissements

18.

livrent passage à de nombreux consommateurs,
qui, craignant le froid et les patrouilles, rentrent
alors paisiblement chez eux.

On nous communique plusieurs articles de la
Feuille du Village et du *Bulletin d'Eure-et-Loir*,
insultants pour le bataillon des francs-tireurs de
la Sarthe. Vu la source d'où ils émanent, j'engage mes officiers, exaspérés contre leurs auteurs, à ne pas tirer vengeance de ces infamies,
laissant à l'opinion publique le soin de faire la
part de nos actes et de ces odieuses paroles.
Néanmoins, ils persistent à vouloir demander
raison au *citoyen* L. Guyon, l'un des rédacteurs
de la *Feuille du village*. Deux capitaines, délé-
gués par leurs camarades, se rendent avec moi
au bureau du journal ; mais la personne que
nous cherchons est *absente*, nous répond-on ;
nous ne sommes pas plus heureux à son domi-
cile, où nous nous présentons différentes fois ;
le citoyen L. Guyon, en prévision de notre visite,
avait dû donner des ordres en conséquence.
Ajoutons qu'il se garda bien, durant tout le

temps de notre séjour au Mans, de se mettre sur notre chemin.

Si les principes politiques qu'on me prête, et la promptitude avec laquelle j'avais formé mon corps au mois de septembre, malgré le mauvais vouloir de M. A. Joigeaux, secrétaire général de de la préfecture, ont déchaîné contre nous les haines et les jalousies des démocrates du Mans, la grande majorité de la population nous est restée sympathique. Elle sait ce que nous valons, ce que nous avons fait ; pour elle nous sommes des amis. Dans toutes les classes, on nous vante, on nous prône. « *Vivent nos braves francs - tireurs !* » s'écrient des ouvriers qui nous croisent ; eux, du moins, ne nous renient pas, comme on l'a fait rue du Greffier. Et si beaucoup parmi nous ne sont point du département, les vaillants mobiles de la Sarthe, ces héros de Coulmiers et de Loigny, n'ont pas à désavouer notre confraternité : c'est avec honneur et toujours noblement que nous avons porté le nom choisi par moi.

Je retrouve dans le lieutenant - colonel du 27ᵉ mobiles (Isère) un de mes anciens camarades de régiment.

Le lieutenant-colonel Vial a près de six pieds et la carrure des soldats de Charlemagne. Ses mollets auraient rempli les bottes évasées du temps de Louis XIV ; il était né pour porter allègrement les pesantes armures des paladins, monter leurs chevaux énormes bardés de fer, et se battre tout un jour avec une masse, une lance et une lourde épée.

Retraité comme capitaine l'année précédente, il avait été nommé, lors de la formation des régiments de mobiles, chef de bataillon au 27ᵉ, puis lieutenant-colonel après la bataille de Vendôme. J'aurai plus d'une fois l'occasion de parler de cet officier supérieur, car le moment approche où, ensemble, nous affronterons de nouveau l'ennemi.

La deuxième armée est répartie de la manière suivante :

Le 16ᵉ corps, au sud du Mans, de façon à couvrir et à défendre les trois routes d'Angers par Arnage, de Tours par Écommoy, et du Grand-Lucé par Parigné.

Le 21ᵉ, au nord, s'étendant d'Yvré-l'Évêque à Savigny-l'Évêque, observant les directions de Chartres et de Saint-Calais.

Le 17ᵉ, en arrière de la ville, établi perpendiculairement aux routes d'Alençon, de Conlie et de Laval.

Le pays n'offrant pour le cantonnement que des ressources insuffisantes en habitations, la plupart des troupes campent sous la tente. La température est de plus en plus rude ; une neige épaisse couvre le sol. Les bivouacs se prolongent indéfiniment à travers les bois et les champs, dont les arbres et les buissons disparaissent sous les innombrables girandoles de givre, qui se balancent et scintillent comme des diamants. Des feux flambent de toutes parts, et c'est autour de leurs flammes, plus ou moins ardentes, qu'on peut voir de quelle admirable variété de races se compose cette unité fran-

çaise que prétend rompre un insolent étranger.
Chacun de ces jeunes soldats porte, marqués
sur son visage et dans son attitude, les traits
caractéristiques de la province à laquelle il ap-
partient. Le Manceau est généralement de petite
taille, mais solidement constitué ; sa physionomie exprime à la fois une ténacité opiniâtre et
une indomptable énergie. Sur la rude figure du
Breton on lit et cette force qu'il semble avoir
tirée d'une terre de granit et ces habitudes de
méditation que donne le spectacle incessant de
la vaste mer. Tout autre est l'habitant du Lot-
et-Garonne, du Gers et de la Gironde. La mine
gaie, avenante, la parole sonore, l'allure superbe, le geste exubérant, il est aussi joyeux
compagnon que solide gaillard. Et quelle imagination ! quelle verve de dévouement patriotique ! Ceux-ci fument mélancoliquement leur
pipe, à l'écart ; ceux-là pérorent, le corps enfoui
sous de vastes couvertures d'où la tête émerge
par un trou. Les peaux de bêtes roulées à la
taille, les manteaux rejetés sur l'épaule à l'es-

pagnole, les uniformes anciens et nouveaux, les burnous blancs et rouges des Arabes, tout cela se confond bizarrement, car plus de 120,000 hommes sont dispersés dans les lignes qui protègent le Mans.

Malgré les difficultés qui résultent des rigueurs de la saison et l'état de dénûment des magasins militaires, l'activité du général en chef est telle, et il est si bien secondé par les généraux qui commandent les corps d'armée, que quelques jours ont suffi pour compléter les effectifs et pourvoir à tous les besoins des troupes ; on est maintenant en mesure de recommencer la lutte [1].

[1] On sait aujourd'hui que le général Chanzy eût voulu marcher hardiment sur Paris, en laissant sur ses positions du Mans assez de monde pour les conserver et assurer de nouveau sa retraite en cas de non-réussite. Son plan consistait à remonter rapidement l'Huisne comme pour menacer Chartres, et, en masquant cette ville, à venir appuyer sa gauche à la Seine, à hauteur de Mantes, dans le but de combiner un effort avec les défenseurs de Paris pour rompre ce côté de l'investissement. MM. Gambetta et de Freycinet repoussèrent ce projet. La deuxième

Les Allemands, peut-être plus épuisés que nous encore, et dans les rangs desquels la variole fait aussi de nombreuses victimes, semblent avoir renoncé pour le moment à s'avancer davantage dans l'Ouest. Le prince Frédéric-Charles est retourné à Orléans, et le grand-duc de Mecklembourg s'est retiré sur Chartres, après avoir laissé à Blois, à Vendôme, sur le cours supérieur du Loir et dans le val de la Loire, des forces assez considérables pour garder le pays que nous avons abandonné.

Des colonnes de cavalerie et d'infanterie ennemies ayant poussé des pointes audacieuses sur Authon, Montmirail, vers la forêt de Vibraye, aux environs de Saint-Calais, sur Montoire et même jusqu'aux portes de Tours, le général Chanzy leur oppose deux colonnes mobiles. La première, sous les ordres du général

armée dut rester dans ses lignes, et le général Bourbaki reçut l'ordre de se porter sur Besançon, et cela avec des troupes nouvelles et dans un pays de montagnes que la neige recouvrait entièrement.

de Jouffroy, menace Vendôme ; la seconde, avec le général Rousseau, appuyée par les francs-tireurs de Paris et les volontaires du colonel Cathelineau, — ces derniers passés depuis peu du 15e corps au 21e, — a pour mission de surveiller les abords du Perche. En outre, la 2e division du 16e corps (général Barry), établie derrière le Loir, de la Chartre au Lude, garde les passages de la rivière ; enfin, les généraux de Curten et Cléret sont en marche, l'un de Poitiers, l'autre de Langeais, se dirigeant sur Neuillé-Pont-Pierre, d'où ils doivent coopérer aux opérations du général de Jouffroy.

Dans ce partage, les francs-tireurs de la Sarthe ont le Lude pour destination provisoire.

Le bataillon est complètement habillé et équipé. Notre costume est en velours marron, avec manteau de drap gris à capuchon ; la chaussure ne laisse rien à désirer, et j'ai pu faire donner à chaque homme une chemise de rechange, un gilet de laine et un caleçon. Comme armement, le chassepot (modèle 1866) a remplacé le fusil .

Snider que nous avions précédemment. Mes francs-tireurs ont vraiment fort bon air dans leur nouvelle tenue.

J'ai fait plusieurs promotions d'officiers. Le lieutenant Bachelot a été nommé capitaine adjudant-major, emploi vacant par suite de la radiation des contrôles du corps de M. Audap. Cet avancement est la juste récompense des services rendus par cet officier pendant la campagne. Le lieutenant Pavie, des mobilisés du Loiret, qui nous a suivis depuis Saint-Laurent-des-Eaux, a été maintenu dans son grade : c'est un ex-sous-officier de Crimée et d'Afrique, d'une bravoure éprouvée. Les sous-lieutenants Yence et Grisot de Chilly sont passés lieutenants ; l'adjudant Sorin, ainsi que les sergents-majors Giamarchi et Bouthéon, ont été nommés sous-lieutenants.

Tout cela terminé et sanctionné par le général en chef, nous n'avions pas à prolonger davantage notre séjour au Mans, et le 30, dans l'après-midi, nous quittions cette ville pour nous rendre au poste qui nous était assigné.

1ᵉʳ janvier 1871. — C'est au Lude que nous commençons l'année.

Qu'il fut triste, ce jour, d'ordinaire consacré à la joie !

Si au milieu des mille péripéties de notre existence de soldat, il nous était arrivé souvent, non pas d'oublier la famille, mais de prendre courageusement notre parti de l'absence de nouvelles, je ne pus me défendre d'une vive émotion lorsque, le matin du 1ᵉʳ janvier, mon ordonnance Brunet, entrant dans ma chambre d'auberge, me fit le compliment d'usage. En entendant les vœux que ce brave garçon m'adressait, je sentis mon cœur défaillir, et que n'eussé-je donné en ce moment pour recevoir un baiser de ma femme et un sourire de mon enfant !... Quand un peu plus tard j'eus la visite de mes officiers, je remarquai sur leurs visages la trace d'une émotion qu'ils cherchaient vainement à contenir ; c'est qu'eux aussi avaient toutes leurs pensées vers les êtres qui leur étaient chers !

. . . .

Les francs-tireurs de la Sarthe sont mis par le général Barry à la disposition du général de Curten ; nous devons quitter le Lude le lendemain pour nous diriger sur Château-Renault.

2, 3 et 4 janvier. — Nous faisons étape à Château-du-Loir, que garde la brigade Desmaisons, de la 2ᵉ division du 16ᵉ corps. Je vais à Chahaignes pour y voir le général Barry ; il occupe un pays très accidenté, très couvert, et sa cavalerie, qui s'étend au loin, surveille attentivement tous les mouvements de l'ennemi. Celui-ci est aux prises avec la colonne du général de Jouffroy. Le 27 décembre, à Saint-Quentin, près Montoire, et le 31, à Bel-Air, à Courtiras, à Danzé et à Varennes, nos troupes ont abordé les Allemands avec une vigueur qui doit leur prouver que, malgré sa retraite sur le Mans, la deuxième armée peut encore leur tenir tête.

C'est à Neuillé-Pont-Pierre, où nous couchons le 3, que le général de Curten avait appris que l'ennemi se concentrait autour de Vendôme, en prévision d'une attaque du général de Jouffroy, et le 30 il s'était porté résolument sur Château-Renault.

Château-Renault, chef-lieu de canton du département d'Indre-et-Loire, est situé au confluent de la Brenne et du Gault ; le chemin de fer et la route nationale de Tours à Vendôme, ainsi que les routes de Blois et d'Amboise, traversent cette ville, qui est à environ 30 kilomètres de ces points.

Bien que cette contrée, appelée la haute Touraine, ne présente pas aux regards la même beauté de sites que la partie méridionale, ses vallons n'en sont pas moins nombreux et profonds, notamment à gauche de Château-Renault, dans la direction de Saint-Amand et de Vendôme. A droite sont les bois de Saunay, qui couvrent une assez vaste étendue, les villages de Saunay, de Villeporcher, de Saint-Cyr-du-Gault, et plus à l'est la petite ville d'Herbault.

Les forces placées sous les ordres du général de Curten se composaient d'une dizaine de mille hommes d'infanterie, de huit escadrons de cavalerie et de quatre batteries d'artillerie ; elles furent successivement augmentées de la colonne du colonel Jobey (40e de marche), de la portion de la 3e division du 16e corps restée avec le général Barry depuis le 11 décembre, et des renforts amenés du Mans par le lieutenant-colonel de Lambilly, sous-chef d'état-major de l'amiral Jauréguiberry.

Le général de Curten[1] est jeune, ardent, énergique ; sa mâle figure inspire tout d'abord la confiance ; les soldats l'apprécient et l'aiment déjà. A voir le général Cléret, dont les longs et abondants cheveux gris flottent sur le cou, on dirait un patriarche de la vieille Armorique. Le premier est un de nos plus brillants officiers de l'armée d'Afrique ; le second, ex-lieutenant de vaisseau, sert à titre auxiliaire.

Les Allemands sont bien proches de Château-

---

[1] M. le général de Curten est mort il y a quelques mois à Bordeaux, où il exerçait un commandement important C'est une grande perte pour l'armée.

(*Note de cette nouvelle édition.*)

Renault : ils occupent Saint-Amand, Herbault, et leurs reconnaissances viennent journellement à Saint-Cyr et à Saint-Nicolas. L'avant-veille, le colonel Lacombe, à la tête du 8e hussards, a refoulé vivement l'ennemi, auquel il a fait dix-huit prisonniers. Les francs-tireurs des Deux-Sèvres ont eu aussi plusieurs engagements heureux. Cette compagnie, forte de près de deux cents hommes, est remarquable par sa tenue, son organisation et surtout par la discipline sévère qui règne dans ses rangs ; le capitaine Poinsignon, type du parfait gentleman, la commande.

Je me félicite d'autant plus d'appartenir à la division Curten, que le général et moi sommes d'anciens condisciples ; il m'accueille d'une manière amicale, me promettant d'utiliser sans retard le zèle et le dévouement des francs-tireurs de la Sarthe.

5 janvier. — J'ai reçu dans la nuit les instructions suivantes :

« Château-Renault, deux heures du matin.

« COMMANDANT,

« Veuillez, vers six heures, diriger sur Her-
« bault (route de Blois), sur Villechauve (route
« de Vendôme) et sur Saint-Nicolas, à l'extrême
« droite de Château-Renault, de petites recon-
« naissances ; choisissez, à cet effet, des hommes
« sûrs, prompts, intelligents et froids.

« A aucun prix, le général ne veut qu'ils
« livrent un engagement. Non seulement ils se
« garderont d'attaquer, fussent-ils certains du
« succès, mais ils refuseraient encore le combat
« si les Allemands venaient le leur offrir. Leur
« rôle, important surtout pour la matinée de
« demain, se bornera donc à nous éclairer avec
« le plus grand soin, et à nous faire prévenir
« au plus tôt de tout ce qui concernerait les
« marches ou mouvements de l'ennemi. Je
« crois que le concours de *votre manchot* nous
« sera très utile ; faites-le, en conséquence,

« partir pour Herbault et autres lieux environ-
« nants.

« Veuillez, etc.

« *Le chef d'état-major provisoire,*
« *Signé :* Marquis DE LASTIC. »

Par suite de cet ordre, les 1ʳᵉ et 2ᵉ compagnies des francs-tireurs de la Sarthe se portent
sur Saint-Nicolas ; la 3ᵉ est chargée de fouiller,
jusqu'à hauteur de Villechauve, la vallée qui
longe la route de Château-Renault à Vendôme.
Le temps est toujours glacial, et le verglas, qui
couvre les chemins, rend la marche lente et
difficile.

Un peu après midi, nous entendons gronder
le canon vers le nord. La division prend aussitôt
les armes et se masse en avant du cimetière de
la ville, où elle reste en position une partie de
la journée.

Mes 1ʳᵉ et 2ᵉ compagnies nous rallient vers les
trois heures : arrivées à Saint-Nicolas au petit
jour, elles en ont chassé une grand'garde de

cuirassiers blancs ; puis, poussant plus loin leur reconnaissance, elles ont aperçu des colonnes de troupes qui remontaient en toute hâte du côté de Saint-Amand.

Le second détachement, après avoir traversé Villechauve, s'est rabattu sur la gauche ; il s'est ensuite avancé jusqu'à quelques centaines de mètres de Monthodon. Mais de là sont sortis des hussards rouges, appuyés par un demi-bataillon d'infanterie, et le capitaine Tétart, n'ayant pas jugé prudent d'engager le combat, s'est alors replié sur la Ménagerie.

Le 3ᵉ corps allemand, paraît-il, serait à Vendôme, le 1ᵉʳ à Montoire, le 10ᵉ à Blois, dont une fraction considérable à Herbault ; il y aurait à Saint-Amand deux divisions de cavalerie et une nombreuse artillerie. Ces divers renseignements me sont apportés par Mandonnet, qui les tient du cantinier du 1ᵉʳ régiment de uhlans lithuaniens, chez lequel il a trouvé le moyen de dîner à Herbault.

« Voilà un particulier qui aime et entend le

commerce! me disait plaisamment le manchot en me parlant de son amphitryon. Il est là avec toute sa famille : quatre garçons et cinq filles! Pendant que les premiers disposent les caisses, les autres préparent les paquets; leur cantine est un vrai bazar. En ai-je vu, de ces colis étiquetés! Argenterie, livres et gravures, linge de corps et linge de table, vaisselle (*fragile!*), meubles divers, pendules et chinoiseries, vins fins, jouets d'enfants, étoffes, habits, bottes et chignons!... il y en a pour tous les goûts! »

Mandonnet croit aussi avoir compris qu'un personnage important, prince ou grand-duc, est attendu sous peu à Vendôme.

Tout cela, mais surtout l'annonce de l'arrivée prochaine d'un des principaux chefs de l'armée allemande, signifie que les opérations vont bientôt recommencer.

En tout cas, la division est prête à recevoir vigoureusement l'ennemi, de quelque côté qu'il se présente. Les mobiles du colonel Vial sont établis : le 1er bataillon à la ferme de la Moulinerie, dans les bois s'étendant de Saint-Cyr-du-Gault à Saint-Nicolas ; le 2e en arrière de Saunay, surveillant également les bois jusqu'à Villeporcher ; le 3e au hameau du Moulinet, point qui domine le cours de la Brenne. Ces troupes se relient à celles du général Cléret, chargées de défendre les routes de Montoire et de Vendôme ; les mobilisés de Seine-et-Marne — de braves soldats qui ont déjà fait leurs preuves — sont en position à la Ménagerie ; de plus, les reconnaissances de cavalerie ne discontinuent pas.

Les 4e et 5e compagnies des francs-tireurs de la Sarthe et un peloton de chasseurs d'Afrique ont été, dans la soirée, envoyés au village de Saint-Nicolas : ils doivent y rester jusqu'au lendemain.

6 janvier. — Vers dix heures du matin, les colonnes allemandes arrivent et se déploient en avant de nos lignes.

Le général de Curten au centre, le général Cléret à gauche, le colonel Jobey à l'extrême gauche et le lieutenant-colonel Vial à droite, reçoivent énergiquement l'ennemi. Le canon tonne de Villechauve à Saint-Cyr-du-Gault ; nos troupes, électrisées par l'ardeur de leurs chefs, ne cèdent pas un pouce de terrain ; la plaine, les vallons et les bois frémissent sous les décharges multipliées de l'artillerie et les feux prolongés de la mousqueterie.

Les francs-tireurs de la Sarthe et ceux des Deux-Sèvres sortent de Château-Renault avec l'intention d'aller s'établir entre Villeporcher et Saint-Cyr, pour couper la retraite à la cavalerie, lorsque celle-ci cherchera à regagner Herbault. Nous dépassons le village de Saunay, et, continuant à marcher au canon à travers champs, nous atteignons Saint-Gourgon.

Rien ne peut donner une idée de l'aspect de désolation de cette malheureuse petite bourgade. Pas une âme ne se montre, les rues sont jonchées de meubles brisés, toutes les habitations sont ouvertes, et dans plusieurs d'entre elles on aperçoit les débris de repas que les Allemands ont dû abandonner précipitamment.

20

Devant une de ces maisons, hurle sinistrement un chien. A notre approche, ses cris lugubres redoublent, comme pour nous engager à entrer. Je franchis le seuil de cette demeure, et me trouve en face d'une femme jeune encore, qui, les cheveux en désordre, le visage en larmes et le regard égaré, berce par saccades un enfant qui pleure. Aux questions que je lui adresse, elle me dit d'une voix sourde :

« Hier, les Prussiens sont venus ici; ils ont voulu nous prendre notre unique cheval; mon mari s'y est opposé vivement, et, après une scène terrible, ils l'ont fusillé!... là! là!... sous mes yeux! »

En prononçant ces dernières paroles, cette infortunée s'était levée, et, toute frémissante de douleur et de haine, elle avait ajouté :

« Oh! les misérables! j'espère bien qu'un jour cet enfant vengera son pauvre père! »

Ce récit m'a remué profondément, et c'est tout ému que je rejoins ma colonne, qui a déjà dépassé le village.

Plus loin, nous trouvons le 3e bataillon des mobiles de l'Isère, dont deux compagnies, déployées en tirailleurs, viennent de déloger à l'instant, de derrière des arbres, des vedettes ennemies : l'une d'elles a été tuée, et une autre a été faite prisonnière. Le jour commençant à baisser, et n'étant éloignés de Saint-Amand que de quatre kilomètres au plus, nous projetons, le capitaine Poinsignon et moi, de pousser une pointe sur cette ville, coup de main hasardeux assurément, mais qui, favorisé par les ténèbres, peut réussir. J'offre au commandant Frachon de se joindre à nous avec ses mobiles ; il accepte, et nous prenons aussitôt cette nouvelle direction.

Nous marchons dans le plus profond silence, en colonne serrée par peloton, les francs-tireurs de la Sarthe en tête, suivis de la compagnie des Deux-Sèvres et du bataillon du 27e provisoire : nous formons un effectif de près de 1,800 hommes. Les bruits de la bataille ont cessé complètement.

Contre leur habitude, les Allemands ne sont pas gardés. Parvenus à l'entrée de Saint-Amand, sans que notre approche ait été signalée, nous nous élançons dans la rue principale, drapeau déployé et clairons sonnant la charge.

L'ennemi, qui campe à l'extrémité de la ville, surpris brusquement comme il rentrait du lieu de combat, et qui se figure avoir affaire à la division Curten, déguerpit au plus vite ; nous entendons bientôt le roulement de ses canons filant au grand trot sur Vendôme.

Nous établissons immédiatement des postes à tous les débouchés et aux abords du chemin de fer : on comprend qu'il eût été par trop téméraire de nous mettre à la poursuite d'un adversaire qui, revenu de sa stupeur, nous aurait infailliblement écrasés. Je dois me borner à tenir cette position importante, enlevée d'une façon si extraordinaire, et cela jusqu'à l'arrivée de la division, que j'attends dans le courant de la nuit. Le capitaine Tétart est parti

pour Château-Renault, afin d'informer le général
de la fuite des Allemands [1].

Tout à coup une fusillade éclate de l'autre
côté du pont du chemin de fer, et quelques minutes après trois compagnies du 40e de marche
se présentent à nos avancées : ce sont elles qui
ont tiré sur l'arrière-garde ennemie. Le capitaine qui commande ce détachement nous
annonce que le colonel Jobey le suit de près
avec son régiment : leur colonne s'est battue
jusqu'à la nuit, et elle a enlevé à la baïonnette
le village de Villethion.

Saint-Amand a souffert beaucoup de l'occupation prussienne ; la plupart de ses habitants
se sont sauvés, et ceux qui ont eu le courage
de rester meurent de faim. Le juge de paix,
M. Carteron, veut offrir à souper aux officiers :
il a toutes les peines du monde à trouver du
pain et du lard : le premier a plus de huit jours

---

[1] Les forces allemandes qui campaient en dehors de
Saint-Amand se composaient de 6,000 hommes d'infanterie,
deux régiments de cavalerie et 15 pièces de canon.

et le second n'est pas mangeable, tellement il
est rance. Cet excellent homme et sa jeune
femme nous racontent combien ils ont été malheureux au milieu d'une soldatesque grossière
et exigeante ; ils se réjouissent de notre présence et se croient maintenant délivrés pour
toujours. M. Carteron, bien que très surveillé,
avait pu faire passer différentes fois des renseignements à Château-Renault. Nous savons aussi
par lui que 25,000 hommes et 50 pièces de
canon ont traversé la ville la veille, se rendant
de Blois à Vendôme, et que le matin même, le
prince Frédéric-Charles s'est arrêté à Saint-
Amand : c'est sûrement le haut personnage dont
a parlé notre manchot.

Non seulement le colonel Jobey ne viendra
pas, mais, vers minuit, nous recevons de lui
l'ordre de nous retirer dans nos cantonnements
respectifs. Les troupes du général de Jouffroy
ont essuyé un échec à Mazangé et aux Roches,
et, comme il est à craindre que la retraite qui
va inévitablement en résulter ne compromette

gravement la gauche du général de Curten, son corps doit se concentrer à Château-Renault, pour être plus à même de parer à toute éventualité.

Ce n'est pas sans un profond regret que nous nous disposons à partir. Au moment où la colonne se réunit, un escadron de dragons hessois cherche à pénétrer dans la ville ; on le crible de balles : plusieurs hommes sont tués, entre autres l'officier qui les commande, et nous faisons cinq prisonniers.

Nous sommes de retour à quatre heures du matin.

J'ai dit que j'avais envoyé le capitaine Tétart à Château-Renault. Il s'était acquitté de sa mission avec célérité, et le général de Curten, qui ignorait encore les résultats des combats de Mazangé et des Roches, avait chargé cet officier de m'annoncer qu'il allait prendre ses mesures pour me faire soutenir promptement.

Le capitaine Tétart était arrivé à Saint-Amand peu d'instants après notre départ : on juge de sa surprise en ne nous y trouvant plus. Il avait eu à peine le temps de se renseigner auprès de M. Carteron sur les motifs du brusque abandon de là ville par les troupes françaises, que ces mots : « *Voilà les Prussiens!* » s'étaient fait entendre dans la rue.

Sortant vivement de la maison, il avait sauté sur son cheval, et il gagnait lestement la route, quand un formidable « *Wer da!* » l'arrêta aussitôt.

« *Wer da!* » avait-on répété.

Mais le capitaine Tétart était prêt.

« Franc-tireur de la Sarthe! » avait-il répondu d'une voix éclatante, en enfonçant ses éperons dans le ventre de son cheval.

Et la bride entre les dents, le revolver dans la main gauche et le sabre haut, il avait piqué droit sur le groupe de cavaliers qui lui barraient le passage.

Des balles avaient sifflé à ses oreilles.

Le capitaine Tétart, qui s'était précipité comme la foudre sur ses adversaires, en avait

abattu deux à coups de revolver, fendu la tête
d'un troisième, et, jetant la confusion parmi
les autres en tirant et en sabrant toujours, il
s'était échappé, s'élançant vers Château-Renault
de toute la vitesse de son cheval.

A un kilomètre de Saint-Amand, il avait rencontré une estafette du général de Curten, qui
m'apportait un contre-ordre et des instructions
analogues à celles du colonel Jobey. Il avait fait
rebrousser chemin à ce cavalier, et, sans mon
intrépide capitaine, peut-être fût-il advenu de
cet homme comme de quatre de mes francs-
tireurs, qui, demeurés endormis profondément
au fond d'une grange, furent — ainsi que je l'ai
appris plus tard — impitoyablement fusillés le
lendemain matin.

Le capitaine Tétart, dont j'ai souvent cité
le nom, a obtenu en 1864, étant sergent au
17e bataillon de chasseurs à pied, la médaille
militaire. Proposé par moi pour la croix de chevalier de la Légion-d'Honneur, ce brave officier
a été oublié jusqu'ici; mais j'espère qu'il recevra

un jour la juste récompense de ses services aux francs-tireurs de la Sarthe.

J'ai dit que mes 4ᵉ et 5ᵉ compagnies avaient été dirigées sur Saint-Nicolas dans la soirée du 5.

Une partie de la nuit, elles avaient échangé des coups de feu avec des patrouilles ennemies, et, au jour, elles avaient eu affaire à des forces assez considérables d'infanterie et de cavalerie. Le capitaine Beauguitte, qui commandait ce détachement, s'était maintenu tant qu'il avait pu dans le village, ne l'abandonnant qu'à la dernière extrémité, pour se replier sur le 2ᵉ bataillon des mobiles de l'Isère, établi au delà de Saunay.

Cette journée avait été féconde en incidents pour les francs-tireurs de la Sarthe.

7 et 8 janvier. — Dès la première heure, les colonnes prussiennes ont réoccupé Saint-Amand; un peu plus tard, elles ont apparu simultanément en avant de Villechauve et de Villeporcher.

Le colonel Jobey se défend pied à pied dans Villechauve ; du côté de Villeporcher, la 1re compagnie du 2e bataillon de l'Isère, surprise par 400 Prussiens, brûle toutes ses cartouches, et ne met bas les armes qu'après avoir eu 42 des siens tués ou blessés.

Nous passons la nuit sur la défensive.

Les francs-tireurs de la Sarthe sont chargés de fouiller les bois de Saunay.

Les 1re, 2e et 3e compagnies, sous les ordres du capitaine Fleury, se dirigent du village de Saunay sur celui de Villeporcher ; les 4e et 5e remontent jusqu'à hauteur du château de Saint-Cyr, où elles rencontrent un escadron de uhlans sur lequel elles ouvrent le feu. Le capitaine Beauguitte s'apprêtait à les poursuivre, lorsqu'un paysan l'avertit discrètement que plus de 2,000 hommes sont cachés dans le village, à 500 mètres de là.

Le capitaine Fleury, au bruit de la fusillade, était accouru de Villeporcher, en suivant la lisière de la forêt, pour prêter main-forte à ses camarades. Les deux détachements se rabattent ensemble sur Saunay, et leurs officiers vont rendre compte au lieutenant-colonel Vial des mouvements de l'ennemi : des troupes nombreuses occupent également Villeporcher.

On le voit, l'échec du général de Jouffroy allait avoir pour conséquence de laisser le général de Curten soutenir seul les attaques des Allemands [1].

Comme la veille et l'avant-veille, toute la division est sous les armes. Nous avons été forcés d'abandonner Villechauve, et d'un instant à l'autre on s'attend à ce que les Prussiens débouchent de ce côté. Le général Cléret est toujours solidement établi à la Ménagerie, où nous le rejoignons dans le courant de la journée. Le

[1] Le général de Jouffroy s'était en effet retiré derrière la Braye, tandis que les troupes sous les ordres du colonel Thierry, qui formaient sa gauche, avaient dû se replier sur Saint-Calais. Cette direction donnée à la retraite, nous privant de tout appui, rendait la position de Château-Renault insoutenable. Mais ce qui était surtout grave, c'est que ce mouvement laissait les artères principales aboutissant au Mans ouvertes à l'ennemi.

canon tonne de loin en loin sur notre droite : c'est le lieutenant-colonel Vial qui balaye avec son artillerie les bois de Saint-Nicolas.

Mes trois premières compagnies sont envoyées pour reconnaître la route qui conduit de la Ménagerie à Saunay, à travers la forêt. Elles se croisent dans le trajet avec le 2ᵉ bataillon des mobiles de l'Isère, qui, ne s'étant pas replié le matin de Villeporcher, ainsi que le capitaine Fleury lui en avait apporté l'ordre, bat en retraite, après avoir soutenu une lutte terrible et disproportionnée. Le brave commandant Lentz et ses jeunes soldats ont résisté pendant près de quatre heures à une infanterie considérable appuyée par de l'artillerie.

Cent cinquante de mes francs-tireurs sont restés à la disposition du général Cléret. Des vedettes de notre cavalerie échangent depuis un moment des balles avec l'ennemi, à deux kilomètres en avant; nous nous portons dans cette direction, et, déployés en tirailleurs, mes hommes se mettent bientôt de la partie. Ils tirent avec une précision remarquable : c'est à qui abattra un « *Kaiserlich* ». Le lieutenant Garnier, percepteur dans le département de Seine-et-Marne et adroit chasseur comme la plupart des habitants de la Brie, ne manque pas un seul de ses coups : chaque fois il *roule* un Allemand avec la même adresse et le même sang-froid que s'il se fût agi d'un lièvre.

« Ah! coquins, dit-il en introduisant tranquillement la cartouche dans son chassepot, vous êtes cause que j'ai fait un voyage du diable en chemin de fer; eh bien! voilà la monnaie du payeur des francs-tireurs de la Sarthe! »

Le combat s'accentue de plus en plus. La compagnie des Deux-Sèvres, qui revient de battre le pays sur notre gauche, entre aussi en ligne, et, formant avec nous un immense demi-cercle, nous ne tardons pas à rejeter l'ennemi sur le village de Villechauve, dont on aperçoit distinctement les maisons.

Mais, presque immédiatement, nos adversaires paraissent plus nombreux ; ils se déploient en un clin d'œil ; en même temps, deux de leurs pièces, arrivées au galop sur la route de Vendôme, annoncent leur présence en nous couvrant d'une double volée de mitraille. Sept fois en quelques secondes, les obus sifflent au-dessus de nos têtes, et leurs éclats atteignent trois de mes hommes : un arbre est littéralement haché tout près de moi. Nous gagnons cependant le sommet d'une côte, tenant en respect la cavalerie prussienne qui cherche à nous tourner ; enfin nous rallions le général Cléret.

Aucune autre attaque n'est tentée sur nos différentes positions.

Chacun comprend la gravité de la situation ; aussi ne sommes-nous nullement surpris en apprenant, dans la soirée, que la ville de Château-Renault devra être évacuée le lendemain.

La division Curten a l'ordre de se rendre à Château-du-Loir, où se trouve l'amiral Jauréguiberry, venu là pour prendre la direction des corps Barry, de Jouffroy et de Curten ; la brigade Cléret est destinée à couvrir Saumur et Angers.

9 janvier. — A quatre heures du matin, nos avant-postes quittent les positions qu'ils occupaient, laissant partout leurs feux allumés, de façon à tromper la surveillance de l'ennemi ; des reconnaissances de cavalerie sont aussi envoyées dans tous les sens pour observer l'attitude des Allemands. Le lieutenant-colonel Vial est chargé d'assurer la retraite et, au besoin, de défendre Château-Renault. A cet effet, il a sous ses ordres, outre son régiment, un bataillon de la Mayenne, un des Hautes-Pyrénées, quatre pièces de montagne, quatre obusiers de 4, un escadron de chasseurs d'Afrique et un du 2ᵉ chasseurs à cheval.

Notre mouvement s'opère sans que nous soyons inquiétés : l'ennemi semble ne se douter de rien. La colonne s'engage sur la route de Neuillé-Pont-Pierre par Saint-Laurent et Beaumont-la-Ronce : le temps est affreux, une neige épaisse ne cesse de tomber, et le sol est tellement glissant que hommes et chevaux n'avancent qu'à grand'peine.

Nous faisons halte à Saint-Laurent. Notre arrrière-garde tardant beaucoup à nous rejoindre, et le général de Curten étant inquiet de n'avoir aucune nouvelle du lieutenant-colonel Vial, il ordonne qu'une des compagnies des francs-tireurs de la Sarthe se porte à sa rencontre jusqu'au village de la Ferrière, par où ces troupes sont attendues. Mon détachement rentre vers les trois heures, et le seul renseignement qu'on nous rapporte, c'est que les éclaireurs allemands ont été vus à moitié chemin de Monthodon et de la Ferrière.

Notre impatience était à son comble, quand la tête de colonne du lieutenant-colonel Vial apparaît enfin.

Voici ce qui s'était passé :

Un peu avant midi, le brave colonel commençait à son tour son mouvement de retraite, lorsque l'ennemi, débouchant par le haut de la ville, l'avait attaqué à la fois sur ses derrières et sur ses flancs. Arrêter ses bataillons, faire volte-face et ouvrir le feu, tout cela avait été pour mon intrépide camarade l'affaire d'un instant. Le combat s'était engagé, vigoureux, opiniâtre, et nos mobiles avaient tenu si bien et si ferme que leurs adversaires s'étaient lassés les premiers. Le lieutenant-colonel Vial avait alors repris fièrement sa marche sur Saint-Laurent.

Nous poursuivons notre route très difficilement, car la neige n'a pas discontinué de tomber ; de plus, un fort vent d'ouest nous souffle violemment au visage. Cette longue file d'hommes se trainant péniblement ; ces chevaux qui, les naseaux ouverts et tout fumants, refusent d'avancer ; ces voitures qui culbutent à chaque pas dans les fossés, et, devant nous, ces landes dont l'aspect ressemble à une vaste mer de glace, quel tableau douloureux et saisissant !

Après les landes, nous traversons la forêt de Beaumont ; puis, après un nouvel arrêt au village de Beaumont-la-Ronce, nous atteignons vers minuit Neuillé - Pont - Pierre : il y avait *quinze* heures que nous étions partis de Château - Renault, et nous n'avions fait que six lieues !

10 et 11 janvier. — Les francs-tireurs de la Sarthe ne quittent le gîte d'étape qu'assez tard dans la soirée ; ils sont chargés d'escorter le convoi de la 3e division avec le 23e bataillon de chasseurs à pied. Cette mission laborieuse m'effraye à juste raison : nous devons accompagner plus de cent voitures, et je me demande comment nous parviendrons à franchir la distance qui sépare Neuillé - Pont - Pierre de Château-du-Loir. Le temps est encore plus rigoureux que la veille, il neige toujours, et, pour surcroît de difficultés, la route que nous avons à suivre est remplie de côtes très rapides en maints endroits.

La nuit nous surprend bientôt, et avec elle commencent toutes nos misères. Nos malheureux charretiers jurent, tempêtent ; ils ont beau frapper leurs chevaux à tour de bras, les pauvres bêtes, qui marchent sur un véritable miroir, haletantes et n'en pouvant plus, s'arrêtent constamment, ne démarrent qu'à grand'peine, et quelquefois même s'abattent lourdement. Mes braves volontaires, si énergiques d'habitude. gémissent, se découragent, et je les entends exhaler à la fois leur colère contre le bon Dieu, le diable, l'empereur Guillaume, Bismarck, le général et leur commandant. Ils confondent et maudissent tout. Mes officiers et moi, nous multiplions nos efforts, les exhortant à la patience ; nous ne réussissons à ranimer leur moral qu'en leur rappelant que c'est pour la France qu'ils souffrent, et que la lutte qu'ils supportent en ce moment n'est pas moins glorieuse pour eux que celle des champs de bataille.

Ce n'est qu'à quatre heures du matin que nous arrivons à Château - du - Loir : pas un d'entre nous n'oubliera jamais la terrible nuit du 10 au 11 janvier !

Le repos du bataillon est de bien courte durée, car la division a l'ordre de se porter aussi rapidement que possible sur le Mans, sérieusement menacé par les armées allemandes. Nous y sommes devancés par l'amiral Jauréguiberry, qui, vu la gravité de la situation, a dû repartir en toute hâte.

Les généraux Barry et de Jouffroy n'avaient pu tenir devant les forces ennemies, et, après avoir résisté énergiquement, le premier à Ruillé et à Chahaignes, le second à Vancé, à Brives et à Ardenay, ils s'étaient repliés dans la direction d'Écommoy et sur le Grand-Lucé. De son côté, le général Rousseau, à la suite des combats de la Fourche, de Nogent-le-Rotrou, du Theil, de Thorigné et de Connerré, avait été également obligé d'abandonner les positions qu'il occupait en avant du 21e corps.

Ces nouvelles nous inquiètent, et nous craignons de ne pouvoir faire notre trouée dans les lignes prussiennes.

A huit heures, le gros de la colonne se remet en marche pour tâcher de gagner Écommoy par Verneuil-le-Chétif et Mayet.

Les francs-tireurs des Deux-Sèvres et ceux de la Sarthe, se ralliant au 23ᵉ bataillon de chasseurs à pied, éclairent la division sur sa droite, et c'est ainsi que nous atteignons Mayet dans le milieu de la journée : le canon gronde sourdement tout autour de nous.

Le général de Curten, qui me fait appeler au moment du départ, m'apprend que nous allons nous séparer, mon bataillon étant désigné pour le service de la brigade Cléret. En conséquence, nous devrons coucher à Mayet et nous diriger le lendemain sur Château-la-Vallière. J'exprime au général le regret que me cause cette décision ; mais l'ordre laissé par l'amiral est formel, il faut bien obéir. Le général me charge de remercier en son nom mes officiers du concours actif et intelligent qu'ils n'ont cessé de lui prêter, ajoutant qu'il gardera le souvenir des « braves » francs-tireurs de la Sarthe.

Grande fut notre surprise quand, dans la soirée, nous vîmes revenir la division. L'avant-garde ayant été attaquée à son entrée dans

Écommoy, occupé par l'ennemi, et la route du Mans de ce côté n'étant déjà plus libre, nos troupes avaient dû rebrousser chemin.

12 et 13 janvier. — Le général de Curten s'est porté sur Foultourte ; nous, les francs-tireurs de la Sarthe, allons au Lude, où je dois prendre la route qui mène directement à Château-la-Vallière.

Nous trouvons la petite ville du Lude dans la consternation par suite des événements malheureux et imprévus qui se précipitent tout autour d'elle. Le maire, M. le marquis de Talhouët, qui est parfaitement renseigné, ne se fait plus d'illusion et craint d'apprendre d'un instant à l'autre que le Mans est au pouvoir des Allemands. Ceux-ci se sont avancés par le Grand-Lucé, Bouloire, Connerré, en un mot par toutes les grandes voies de communication, et leurs têtes de colonnes, victorieuses le 10 à Périgny-l'Évêque, à Changé et à Champagné, — non cependant sans une lutte opiniâtre, soutenue pied à pied par nos troupes, — ont commencé depuis la veille à attaquer la deuxième armée dans ses lignes du Mans. Nous résistons courageusement, paraît-il ; mais de partout débouchent les innombrables cohortes du prince Frédéric-Charles et du grand-duc de Mecklembourg, et nos jeunes soldats, exténués par les combats des jours précédents, ne faibliront-ils pas en présence de ces forces imposantes sans cesse renouvelées ?

Déjà une partie de la population du Lude — cette fraction infime d'hommes qui, par parti pris, est toujours prête à dénigrer et à injurier — murmure sourdement, disant que les soldats sont mal commandés, que tous leurs chefs sont des lâches et des traîtres, et qu'il n'est pas difficile de prévoir ce qui va arriver. Ces gens, dont plusieurs portent l'uniforme de garde national et qui ne sont patriotes qu'au cabaret, nous regardent de travers ; ils ont l'air de nous demander pourquoi nous sommes là, et nous insulteraient ouvertement s'ils l'osaient.

Dans le milieu de la nuit, M. le marquis de

Talhouët me fait communiquer une dépêche qu'il vient de recevoir : notre armée, vaincue comme elle l'a été sous les murs d'Orléans, bat en retraite sur Alençon ou sur Laval, — on ne sait au juste de quel côté, — et, à l'heure qu'il est, l'ennemi est entré au Mans !

Cette nouvelle me terrifie ! Malgré nos échecs successifs, j'avais encore conservé dans mon cœur une lueur d'espoir, car, ayant vu à l'œuvre nos intrépides généraux, j'avais foi en leur talent et en leur énergie. Que va-t-il advenir à présent de cette deuxième armée reconstituée si laborieusement et si prodigieusement en quelques semaines ? Que va-t-il surtout advenir de la France, aujourd'hui que ces hordes d'envahisseurs couvrent notre sol de l'est à l'ouest, et que Paris agonise ?

Je suis prié d'assister à une réunion des membres du conseil municipal et des officiers supérieurs de la garde nationale du Lude. Ces messieurs reconnaissent que, dans les circonstances actuelles, toute résistance de leur part est inutile, et ils décident en conséquence que les armes seront rendues immédiatement. Je n'ai aucune objection à faire à l'égard de cette mesure, et, avant de me retirer, je préviens le maire de notre prochain départ. C'est sur Angers que j'ai l'intention de me diriger : j'en avise aussitôt le général Cléret, à qui j'expédie sans tarder un de mes cavaliers, l'informant en même temps de l'évacuation du Mans par nos troupes.

L'exaltation des gens dont j'ai parlé est à son comble en voyant s'éloigner le bataillon des francs-tireurs de la Sarthe. Leurs lazzis grossiers retentissent sur le passage de mes hommes, et leurs invectives redoublent lorsque, à mon tour, je traverse la place pour rejoindre ma colonne, accompagné seulement de notre aide-major et du chasseur Damont. Les mots : « *Capitulards ! A bas le comte de Foudras ! Enlevons-les !* » nous sont jetés à la face par des gardes nationaux ivres qui se tiennent sur la porte d'un café. J'arrête mon cheval, et les injures continuant, je saute à terre, pénètre brusquement dans la maison, m'écriant d'une voix indignée :

« *Vous êtes des misérables, et si quelqu'un est lâche, c'est vous !* »

A peine ai-je prononcé ces paroles, que je suis assailli, bousculé, frappé même, et ces vauriens m'eussent inévitablement fait un mauvais parti, si je n'avais mis le sabre à la main, et si le docteur de Bonneuil et le cavalier Damont n'étaient intervenus.

Je suis exaspéré de nous voir traités de la sorte, nous qui depuis trois mois avons donné tant de preuves de dévouement à notre pays, et je ne parviens à me calmer que sur les instances de M. le marquis de Talhouët, qui, accouru sur les lieux, me demande de mépriser et d'oublier cette scène inqualifiable.

Le croirait-on ? Ces hommes poussèrent l'audace jusqu'à adresser, *à l'insu du maire*, une plainte contre moi au ministre de la guerre, Gambetta !

Le soir, nous couchions à Baugé.

14, 15, 16 et 17 janvier. — Le sous-préfet ayant reçu l'ordre de prévenir les corps qui se présenteraient à Baugé que l'armée opère son mouvement de retraite sur Laval, et qu'il est expressément interdit aux troupes de pénétrer plus avant dans le département de Maine-et-Loire, nous prenons la route de Durtal, où nous passons la nuit du 14 au 15.

Nous arrivons à Sablé quelques heures après le passage de la division Curten : celle-ci est descendue par Foultourte et la Flèche, et elle vient de se porter au secours de l'amiral, violemment attaqué à Saint-Jean-sur-Erve. Des hauteurs qui dominent la ville on entend tonner le canon. La municipalité ne paraît pas très enchantée de nous voir dans ses murs : l'ennemi n'est qu'à une petite distance, et « *que dira-t-il s'il apprend que des francs-tireurs ont couché à Sablé ?* » Je suis obligé de me fâcher pour obtenir le logement de mes hommes. On nous raconte, entre autre détails sur la prise du Mans, que des mobilisés bretons ont lâché pied ; sans cela, nous assure-t-on, le général Chanzy eût été victorieux [1].

La route de Meslay, que nous suivons le lendemain, est couverte de détachements et de soldats isolés : ces derniers font pitié ; ils se traînent honteusement, accusent leurs chefs quand on les interroge, et prétendent qu'ils n'ont pas mangé depuis plusieurs jours. Les villages que nous traversons en sont pleins, et il n'y a pas une ferme qui n'abrite un nombre considérable de ces fuyards. Nous sommes aussi constamment dépassés par des voitures publiques appartenant, celle-ci à l'*Hôtel de Paris*, celle-là à l'*Hôtel de l'Europe*, etc., etc., et faisant la « *correspondance du chemin de fer* ». Dans

[1] Le désastre de la Tuilerie doit être attribué, non à une défaillance de ses défenseurs, mais à l'armement défectueux des mobilisés bretons. Le dévoûment admirable du général de Kératry n'avait cessé d'être entravé par le mauvais vouloir de MM. Gambetta et de Freycinet. M. A. de La Borderie a écrit sur le camp de Conlie et l'armée de Bretagne un livre fort instructif, qui fait connaître une fois de plus les turpitudes de nos gouvernants d'alors.

22.

quel pays sont situés ces hôtels ? Avec quels chemins de fer sont-elles en correspondance ? Ceux mêmes qui les conduisent n'en savent sans doute rien. C'est un désordre indescriptible.

Une pluie abondante a succédé à la neige, et cette eau qui se glace en tombant rend notre marche on ne peut plus pénible. Nous atteignons enfin Meslay, gros bourg de la Mayenne et notre dernière étape.

Nous faisons la grande halte à Forcé. Comme nous nous disposons à repartir, une trentaine de dragons allemands débouchent par le chemin de Bazougers, et se répandent dans des métairies à l'extrémité du village. Trois de mes francs-tireurs qui achevaient leur repas, surpris par un groupe de ces audacieux visiteurs, ont juste le temps de sauter sur leurs fusils, et, se jetant résolument au dehors, ils en arrêtent deux au moment où ils mettent pied à terre. A la vue des francs-tireurs, les autres s'enfuient ; mais l'alarme a été donnée, et ils sont vigoureusement poursuivis par les capitaines Fleury et Tétart, à la tête de leurs compagnies. Plusieurs de ces cavaliers sont blessés et ils ont un cheval tué.

Nos prisonniers appartiennent aux dragons de Magdebourg ; leur escadron est tout proche, et il précède une colonne de 8 à 10,000 hommes qui se trouve à une journée en arrière. Ces troupes sont sous les ordres du général Schmidt.

Le bataillon se reforme sur la route de Laval. Tout à coup, nous apercevons au loin un fort détachement de cavalerie qui vient du côté de Meslay. Nous supposons d'abord que c'est une de nos reconnaissances, quand, ces cavaliers prenant le trot, nous distinguons bientôt leurs casques noirs.

Mes francs-tireurs sont là immobiles, l'arme au pied, et ce n'est point sans stupéfaction que nous voyons ces hommes s'avancer sans avoir l'air de se soucier de nous. Ils sont environ soixante ou quatre-vingts.

L'officier qui les commande se détache au ga-

lop en brandissant son sabre... Mais le lieutenant Seybaud ajuste le cheval, il tire, et la balle
de son fusil va frapper l'animal en plein poi-
trail.

L'officier allemand se dégage lestement, et,
prompt comme l'éclair, la tête haute, le regard
menaçant, il court droit au lieutenant, et avant
que celui-ci ait eu le temps de se mettre sur la
défensive, il lui porte un vigoureux coup de
pointe dans le ventre. Le lieutenant Seybaud
tombe... et avec lui son terrible assaillant, qui
venait d'être foudroyé !

Cet officier si audacieux se nommait le baron
Gustave von Trotha [1].

..... Quelques instants plus tard, nous repre-
nions notre marche sur Laval. A nos deux prisonniers étaient venus s'en ajouter cinq autres,
sans compter les blessés qui avaient pu se sau-

[1] Une ballade se chante aujourd'hui sur ce tragique
événement aux veillées du village de Forcé. Nous la donnons à la lettre D.

(*Note de cette nouvelle édition.*)

ver : ceux-ci devaient être nombreux, les francs-
tireurs de la Sarthe ayant tenu à honneur d'envoyer un souvenir de leur façon au général
Schmidt, notre ancienne connaissance de Rambouillet.

VI

NOS DERNIÈRES JOURNÉES

VI

NOS DERNIÈRES JOURNÉES

E voici arrivé à la dernière période de notre campagne ; avec elle finit le *Journal* que je tenais jour par jour, et que j'écrivais tantôt devant le feu d'un bivouac, tantôt à l'abri d'une chaumière ou dans une chambre d'auberge.

En réunissant ces notes, je n'ai pas eu l'intention de faire un livre *fantaisiste*, mais bien de raconter ce que j'ai vu, c'est-à-dire des luttes inégales soutenues par des hommes de cœur, et des souffrances de toutes sortes endurées courageusement. Je crois m'être, jusqu'ici, acquitté de ma tâche avec conscience : du reste, les témoignages de mes compagnons d'armes peuvent garantir l'exactitude de ces récits. Peut-être, il est vrai, quelqu'un d'eux sera-t-il tenté de me blâmer pour n'avoir point porté assez haut les mérites du bataillon. Je n'eusse pas entrepris d'en écrire l'histoire si elle n'était assez honorable par elle-même pour n'avoir besoin d'aucun embellissement : les inventions, les chiffres fantastiques, les exagérations mêmes ne sauraient convenir aux *annales* d'un corps qui a eu sa large part des combats les plus périlleux, et a laissé du sang sur les chemins où furent marquées les traces de tant de pas.

Ceci dit, j'entre de nouveau en matière.

Le général en chef était depuis le 16 au soir à Laval, où l'amiral Jauréguiberry, avec le 16ᵉ corps, l'avait précédé de quelques heures.

Cette ville est bâtie sur la Mayenne, rivière large et profonde qu'on traverse sur deux ponts en pierre, un en bois et le viaduc du chemin de fer. Les quais sont beaux et dominés par un coteau au pied duquel s'étend au loin une ligne de rochers d'un effet très pittoresque.

La position de Laval était des plus importantes au point de vue stratégique, non seulement à cause de la voie ferrée de Rennes et du tronçon du réseau allant sur Mayenne, mais parce que c'était aussi le nœud de toutes les routes conduisant à Angers, Tours, le Mans, Alençon, Domfront, Fougères, Rennes, Nantes, etc. Le général Chanzy l'avait si bien compris, que, dès le 17, ses dispositions étaient prises pour parer à toute éventualité.

L'armée occupait les emplacements suivants :

Le 17ᵉ corps, qui était le plus en désarroi, au delà de la rivière, son centre à Saint-Germain-le-Fouilloux, gardant le pont de Saint-Jean et de Montgiroux, sa cavalerie à Andouillé, le reliant avec la droite du 21ᵉ corps.

Celui-ci, deux divisions à cheval sur la route d'Ernée, une division en avant de Mayenne pour défendre les abords de la ville sur la rive gauche, la division Goujard à Saint-Fraimbauld, observant jusqu'à Ambrières, en se reliant au 19ᵉ corps qui commençait à arriver à Domfront, et dont une division gardait Argentan.

Le 16ᵉ corps avait ses 1ʳᵉ et 3ᵉ divisions en avant de Laval, sa 2ᵉ cantonnée à Saint-Berthe-vin, et sa division de cavalerie le long de la rive droite de la Mayenne, surveillant les passages de la rivière dans la direction de Château-Gon-thier. Là, se trouvait le général Cathelineau, chargé d'organiser la résistance de ce côté et appuyant sa droite aux troupes du général Cléret, qui couvraient Angers. Enfin les ponts de Laval à Château-Gonthier étaient détruits ; ceux du cours supérieur étaient minés et prêts à sauter.

On le voit, le général en chef, avec sa prodigieuse activité, n'avait rien négligé pour pouvoir faire face à l'ennemi, qui montrait ses têtes de colonnes sur toutes les routes.

Les francs-tireurs de la Sarthe avaient été de nouveau attachés à la 3ᵉ division.

Voici quelle était, à cette époque, la composition de cette belle et solide division que commandait le brave général de Curten :

Chef d'état-major. . . . . . . — Populaire, chef de bataillon.

Commandant de l'artillerie. — Cazal, chef d'escadron.

Commandant du génie. . . — Haxo, chef de bataillon.

Intendant militaire. . . . . — Vergnes, sous-intendant.

Prévôt. . . . . — Barbier, lieutenant de gendarmerie.

1re BRIGADE.

Commandant : Général Le Bouédec.

16e bataillon de chasseurs à pied,
40e régiment de marche,
88e régiment de mobiles (Indre-et-Loire),
Bataillon des mobilisés (Bouches-du-Rhône),
2e légion des mobilisés de la Sarthe.

2e BRIGADE.

Commandant : Colonel Thierry[1].

23e bataillon de chasseurs à pied,

[1] Le lieutenant-colonel Vial remplaça le colonel Thierry dans les premiers jours de mars.

23.

16ᵉ régiment de ligne (un bataillon),

27ᵉ régiment de mobiles (Isère),

71ᵉ régiment de mobiles (Haute-Vienne).

ARTILLERIE.

23ᵉ batterie du 14ᵉ régiment.

21ᵉ — 15ᵉ —

23ᵉ — 7ᵉ —

GÉNIE.

1ʳᵉ section de la 18ᵉ compagnie du 1ᵉʳ régiment.

FRANCS-TIREURS.

Francs-tireurs de la Sarthe, commandant DE FOU-DRAS.

Francs-tireurs des Deux-Sèvres, capitaine POIN-SIGNON.

Notre division avait pour ligne de bataille les sommets des hauteurs de la rive droite de la Jouanne.

La 1ʳᵉ brigade défendait tout le versant compris entre la route d'Argentré et la ferme de la Lézerie, principalement la Guigue-Foudière et le château des Auvers, qui commandent la route du Mans ; à gauche, vers Argentré, le mamelon isolé de la Corbinière permettait de prendre cette même route d'écharpe sur une longueur d'un kilomètre.

Le village de Bonchamps servait d'appui à la réserve, forte de deux bataillons ; et à deux cents mètres en arrière, dans des maisons isolées, se trouvait encore un bataillon de soutien.

La 2e brigade avait sa gauche à la ferme de la Lézerie, sa droite à la Mayenne : elle surveillait les routes de Tours et de Château-Gonthier.

Forcé, sur la rive gauche de la Jouanne, était occupé comme avant-poste par un bataillon du 71e mobiles. Le château de Poligny, en arrière de Forcé, ainsi qu'une ferme placée sur la route de Bonchamps, étaient gardés par les francs-tireurs de la Sarthe et deux compagnies du 71e ; les Gondinières et la Croix-Gondin, par le reste de ce régiment. Le 27e mobiles, cantonné dans les fermes de Haute-Traynée, Beau-Soleil, les Landes, etc., protégeait la route de Château-

Gonthier. Le 23ᵉ bataillon de chasseurs à pied était au Point-du-Jour.

Ajoutons que ce pays, couvert d'arbres, coupé de haies, de talus, de ravins et de chemins creux, est d'un accès difficile, et que l'ennemi qui oserait s'y aventurer ne saurait s'y maintenir longtemps : le combat de Sainte-Mélaine, livré le 18 par la 3ᵉ division, l'avait suffisamment prouvé.

Ce jour-là, dans la matinée, des uhlans s'étaient montrés sur les routes du Mans et de Montsurs ; ils avaient été repoussés par des compagnies du 88ᵉ mobiles. Vers midi, une colonne forte de plusieurs milliers d'hommes, avec de l'artillerie, arrivant du même côté, s'était présentée devant nos lignes et avait obligé nos avant-postes à se replier sur Sainte-Mélaine. Le feu de nos mitrailleuses et d'une batterie de 4, établies à la ferme du Pressoir, entre le chemin de fer et la route du Mans, avait arrêté son mouvement. En même temps, le colonel Thierry, à la tête de la 2ᵉ brigade, s'était porté en avant pour menacer la gauche des Allemands, et le 88e mobiles, vigoureusement enlevé par le général de Curten, remontant les contre-pentes du ruisseau et précédé par de nombreux tirailleurs, avait couronné les hauteurs et délogé l'ennemi des positions dont il s'était emparé. La lutte n'avait duré que deux heures.

Fiers de ce premier succès, nous nous promettions de ne pas en rester là. Les francs-tireurs de la Sarthe surtout, qui, au milieu de ces régions montagneuses et de ces vallées profondément encaissées, se trouvaient dans leur véritable élément, comptaient bien y renouveler les exploits des Vendéens et des chouans.

. . . .

— Vous voulez une histoire, messieurs ? eh bien ! je vais vous en dire une, venais-je de répondre à mes officiers qui m'en faisaient la demande.

C'était dans la nuit du 21 au 22 janvier. Nous bivouaquions sur la lisière d'un petit bois, après avoir, durant une partie de la journée, battu infructueusement tout le pays compris entre Forcé et Bazougers, village où les dragons allemands avaient paru l'avant-veille. Espérant que nous serions plus favorisés le lendemain, je m'étais établi dans une excellente position, et nous attendions là que le hasard — ce grand maître du soldat — conduisît de notre côté une reconnaissance ennemie.

La nuit, quoique très froide, était belle ; des milliers d'étoiles brillaient au-dessus de nos têtes ; du brasier ardent autour duquel nous étions assis s'échappait un parfum de résine délicieux ; nos vedettes veillaient silencieuses et attentives, leurs silhouettes complètement effacées derrière de gros arbres ou des plis de terrain ; tout cela m'engageant à tenir ma promesse, je commençai en ces termes :

« Au mois de juin 1857, je quittais Saumur, où j'étais détaché comme lieutenant d'instruction, pour aller passer une permission de quinze jours dans la famille d'un de mes amis qui habitait les environs de Bourbon-Vendée. Je faisais la route à cheval, m'arrêtant au gré de mes désirs ou suivant mes caprices, heureux comme un enfant de parcourir et de pouvoir admirer à mon aise nos pittoresques et héroïques départements de l'Ouest. L'âme ouverte à toutes les vives aspirations de mon âge, non seulement la riche et sauvage nature qui s'offrait constamment à mes yeux m'éblouissait, mais aussi elle animait, elle exaltait mon imagination ardente !... Ah ! messieurs, la vie est encore si douce à trente ans.

« Le surlendemain de mon départ, ne m'étant mis en route qu'assez tard dans la matinée, je pressais d'autant plus l'allure de la *Légère*, que, depuis un instant, des nuages noirâtres, chargés d'électricité, couraient d'une extrémité à l'autre. Pas un souffle d'air ne venait rafraîchir la terre pâmée de chaleur, et, autour de moi, d'innombrables hirondelles ne cessaient de raser rapidement le sol du bout de leurs ailes.

« Tout annonçait un orage prochain et violent.

« En effet, le tonnerre ne tarda pas à retentir, se répercutant avec des éclats terribles dans les bois qui m'environnaient ; un vent subit s'éleva, grandissant de minute en minute ; le ciel, sillonné par des éclairs, semblait tout en feu.

« Peu après, je fus tellement aveuglé par la pluie entremêlée de grêle qui tombait drue et serrée, que c'est à peine si je parvenais à diriger mon cheval.

« Pour comble d'ennui, j'avais beau porter mes regards dans toutes les directions, je ne découvrais ni une maison, ni le moindre abri qui me permît d'attendre que cette effroyable tempête se fût calmée.

« Je m'étais donc résigné à piquer droit devant moi, quand je finis par apercevoir, au fond de la vallée que je parcourais, une espèce de masure, perdue comme un nid d'aigle au milieu des rochers.

« Trempé jusqu'aux os, et la *Légère* à bout de forces, je me dirigeai, le plus vivement possible, vers cette humble demeure.

« A mon appel, la porte s'était ouverte et un vieillard se montra sur le seuil. Avant que j'eusse parlé, il avait saisi la bride de mon cheval qu'il conduisit lui-même sous un hangar attenant à l'habitation, après m'avoir invité cordialement à entrer.

« La pièce dans laquelle je pénétrai était assez vaste et l'unique de la maison : l'excessive propreté qui y régnait me frappa tout d'abord.

« Un lit, quelques chaises, un bahut-dressoir chargé de vaisselle à fleurs et une horloge en composaient tout l'ameublement.

« Je remarquai également, appendues à la muraille, trois gravures représentant, l'une le roi Louis XVI, l'autre Napoléon le Grand, et la dernière le général royaliste Henri de La Roche-jaquelein.

« J'avais à peine terminé cette rapide inspection, que le maître du logis, reparaissant, me dit joyeusement :

« — Lieutenant, soyez le bienvenu chez le père Jacques ! »

Au moment où je prononçais ces paroles. un observateur attentif aurait pu distinguer une forme noire qui, s'étant dressée à quelques pas de nous, s'approchait discrètement du feu de notre bivouac. Mais je fus seul à m'apercevoir de ce mouvement, et sans me préoccuper davantage de cet incident, je poursuivis :

« Mon hôte, bien que paraissant avoir dépassé de beaucoup la soixantaine, était encore droit, et tout dans sa personne indiquait une de ces constitutions robustes que rien ne peut ébranler. Le front haut surmonté d'une abondante chevelure blanche, les yeux grands et vifs, le nez légèrement recourbé, le teint hâlé ; enfin sur la joue gauche une superbe balafre : voilà, messieurs, le portrait aussi exact que possible du beau vieillard qui venait de se nommer à moi : *le père Jacques.*

« Je remerciai chaleureusement le brave homme de son accueil, tout en lui exprimant la crainte que j'avais de le déranger.

« — Non, non, lieutenant, vous ne me dérangez nullement, me répondit-il ; je suis seul, mon travail est interrompu, ne vous gênez donc pas.

Et, ayant jeté un coup d'œil au dehors, il ajouta :

« — Du reste, l'orage n'est pas près de finir... Entendez-vous ? le tonnerre ne cesse de gronder, le vent augmente... Je crois, monsieur l'officier, que nous en avons pour la soirée.

« — Quel fâcheux contretemps ! m'écriai-je ; je ne vois pas alors le moyen de gagner les Herbiers avant la nuit.

« — Eh bien ! vous coucherez ici, fit-il, le visage franchement épanoui. Acceptez ! continua-t-il ; vous ne serez peut-être pas très bien chez moi, mais ce que j'ai, je vous l'offre de tout cœur. Pour commencer, je vais toujours allumer un bon feu, car vous en avez besoin : Dieu de Dieu ! êtes-vous mouillé !

« Je ne pouvais, en effet, songer à me remettre en route, et, tout bien considéré, je n'avais pas de meilleur parti à prendre que de profiter de l'offre si hospitalière qui m'était faite.

« — Bravo ! dit mon hôte, lorsque je l'eus informé de ma détermination. Soyez tranquille, vous ne vous ennuierez pas chez le père Jacques : moi aussi, j'ai servi, et je vous en conterai !

« Bientôt, assis en face l'un de l'autre et fumant notre pipe, j'appris par le digne homme que, bien jeune encore, il s'était battu sous *monsieur Henri ;* qu'il avait été pris plus tard par la conscription ; qu'il était rentré dans ses foyers en 1814 ; enfin que, depuis dix ans, il remplissait en cet endroit, sous le n° 95, le modeste emploi de cantonnier.

« Une fois engagé sur ce terrain, il ne s'arrêta plus : sa verve ne tarissait pas.

« Appartenant à une de ces races militaires qui n'envisagent qu'une chose : la gloire du drapeau, on naissait soldat dans sa famille.

« Ainsi, son grand-père, grenadier au régiment d'Auvergne, faisait partie du détachement du chevalier d'Assas, dans la nuit du 14 au 15 octobre 1760, et il avait été blessé grièvement à côté de son héroïque capitaine. Son père s'était distingué en Amérique, et, après avoir versé son sang pour la France sur des rivages lointains, il l'avait versé pour son Dieu dans les champs de la Vendée. Frappé à mort au combat d'Ancenis, il avait expiré le même jour, mais non sans avoir eu le temps de bénir son fils. Lui, Jacques, devenu soldat, avait parcouru toute l'Europe avec Napoléon, laissant à droite et à gauche des lambeaux de sa peau : « *J'a-* « *vais toujours tant de chance !* » disait-il parfois.... »

— Messieurs, fis-je en interrompant mon récit, je n'oublierai jamais le spectacle que j'avais alors sous les yeux. Figurez-vous ce vieillard, s'exaltant à mesure qu'il déroulait les drames auxquels il avait assisté ; représentez-vous ces luttes grandioses et sanglantes, racontées au milieu des éclats successifs de la foudre, remplaçant en ce moment le bruit du canon et de la mousqueterie... Puis ces éclairs, qui, d'instant en instant, venaient servir de cadre aux tableaux du siège de Saragosse et des batailles de Wagram, de la Moskowa, de Leipsick et de Montmirail !... C'était à la fois sublime et terrible !

Un frémissement d'admiration parcourut mon petit auditoire. Quant à celui que j'ai montré s'avançant dans l'ombre, il paraissait transporté, et son regard impatient et ardent ne quittait pas la direction où veillaient nos vedettes.

— Vous le voyez, repris-je, mon ami Jacques m'en conta en effet !

« Il m'avait aussi longuement entretenu de sa femme, morte quelques années auparavant, et de son fils, actuellement sous les drapeaux et brigadier au 4ᵉ régiment de dragons. Ce dernier était marié à la fille d'une cantinière qui venait de succéder à sa mère.

« — C'est du bien brave monde que mes enfants, disait-il. Louise est l'ordre et la probité mêmes ; et son mari, mon lieutenant, ce n'est pas pour le vanter, mais, si jamais vous le rencontrez, vous l'aimerez tout de suite : c'est l'honneur en personne. Et mon petit Martial !... Comme nous, il sera soldat dès qu'il aura l'âge.

« A tout cela je répondais en exprimant à mon hôte le plaisir que j'aurais à connaître les membres de sa famille, me mettant à sa disposition pour le cas où je pourrais leur être utile.

« Le lendemain, en nous séparant, je renouvelai au vieux cantonnier mes offres de service. Il me remercia en me serrant chaleureusement la main, et je partis véritablement ému : j'étais tout pénétré d'admiration pour ce beau et noble caractère... »

— Mais, messieurs, ajoutai-je en changeant de ton, que je vous présente le fils du père Jacques.

Puis, élevant la voix :

— Lefort ! appelai-je.

— Présent ! répondit mon auditeur mystérieux, en s'approchant vivement.

— Nous aurions dû nous en douter, s'écrièrent à l'unisson plusieurs officiers.

— Oui, messieurs, les deux francs-tireurs que j'ai ramenés hier matin de Laval ne sont autres que le fils et le petit-fils du père Jacques... A ta santé! dis-je à Lefort en lui tendant un gobelet rempli de rhum.

— De tout mon cœur, mon commandant! Capitaines et lieutenants, je vous salue!

— Mais où est donc le jeune homme? lui demanda-t-on.

— Martial est en faction à trois cents mètres d'ici... Ah! s'il avait été là il y a un moment!... Vous ne le croiriez pas, le gars est tellement passionné pour le métier, que, constamment, il faut que je lui raconte les campagnes du père Jacques... Seulement, moi, je ne m'en tire pas comme notre commandant.

Le cercle se reforma; Lefort, sur l'invitation que je lui en fis, prit place à mon côté, et, le silence s'étant rétabli, je continuai de la sorte :

« Dans le courant de la même année, je rejoignais mon régiment à Sedan, et quelques jours après mon retour au 3º dragons, j'obtenais du colonel d'Estampes l'autorisation nécessaire pour la permutation du brigadier Lefort avec un de ses collègues du 3° escadron, dans lequel le brave lieutenant-colonel Vial était lieutenant en premier, moi lieutenant en second, et le commandant Lentz, que vous avez tous vu à l'œuvre à Château-Renault, sous-lieutenant.

« Je ne tardai pas, messieurs, à connaître et à apprécier comme ils le méritaient Lefort, sa femme et son enfant. Si j'admirais la bonne et franche harmonie qui régnait entre les époux, Martial, lui, me charmait par son intelligence, sa vivacité et les instincts précoces qu'il montrait pour tout ce qui se rattache à l'état militaire.

« Aussi, c'était à qui le gâterait davantage. Apparaissait-il sur le seuil d'une chambrée : *Fixe !* commandait-on en riant ; et on l'embrassait, et tous les hommes, quittant leur ouvrage, s'amusaient avec lui comme s'ils eussent été eux-mêmes des enfants.

« — Petit, lui demandait-on, que feras-tu quand tu seras grand ?

« — Je serai soldat ! répliquait-il fièrement.

« Et toutes les mains applaudissaient avec fureur.

« Plus il avançait en âge, et plus sa jeune nature se développait au contact de son père, qui l'entourait d'autant plus de tendresse et de soins, que sa mère était morte comme il allait atteindre sa douzième année : j'avais alors donné ma démission depuis longtemps déjà.

« Messieurs, j'ai bientôt fini. Il ne me reste plus à vous dire que si ces deux nobles cœurs, rentrés dans leur village en 1868, manquèrent parmi nous à notre départ du Mans, c'est parce que Martial, au mois de septembre dernier, relevait d'une longue et cruelle maladie : telle est l'unique cause qui les a empêchés de partager nos premières fatigues et nos premiers dangers. »

— Mais n'est-ce pas, mon vieil ami, fis-je en m'adressant à l'ex-brigadier de dragons, que, l'un et l'autre, vous prendrez votre revanche ?

— Oh ! oui, commandant, répondit-il avec

force, et le père Jacques qui est là-haut, ajouta-t-il en montrant le ciel, sera content de nous...

Au même instant, un coup de feu retentit, et, presque aussitôt, un de mes hommes accourait en criant :

— L'ennemi ! l'ennemi !

Ce franc-tireur, c'était Martial.

— A vos postes, messieurs ! Aux armes ! ordonnai-je rapidement.

Le jour commençait à paraître.

Mes francs-tireurs avaient sauté vivement sur leurs armes.

Les Allemands, prévenus dans le courant de la nuit par leurs espions, n'avaient pas voulu attendre d'être attaqués pour agir. Seulement, quand ils croyaient nous surprendre et nous massacrer, il se trouvait que, grâce à la bonne garde d'une de nos sentinelles, leur marche avait été éventée.

Restait maintenant à savoir à qui demeurerait l'avantage.

Mes préparatifs ne furent pas longs. Une compagnie s'élança en tirailleurs, tandis que le gros

du bataillon et mes hussards attendirent, immobiles, l'instant favorable pour se porter en avant.

Les deux Lefort faisaient partie de cette réserve.

Martial avait dix-huit ans. Il était svelte,
d'une taille peu élevée pour son âge, mais cependant bien proportionnée. Une figure expres-
sive, un air déterminé, des yeux vifs et franchement hardis, prouvaient suffisamment qu'il ne
faillirait pas à son nom.

La colonne qui nous attaquait se composait
d'infanterie et de cavalerie : elle pouvait être
évaluée à six ou sept cents hommes.

— Garçon, dit Lefort en montrant à son fils
un escadron qui s'ébranlait, si je ne me trompe,
nous ne tarderons pas à entendre siffler les
balles.

— Eh bien ! tant mieux ! répondit résolument
l'enfant ; je connais ça !

— Tu connais ça ?

— Oui... car ce n'est pas d'aujourd'hui que
je les entends siffler dans mes rêves.

— Bien parlé, petit... Ah ! tiens, tiens... écoute !

— Père... mon père !

— Mes amis, c'est votre baptême... le baptême du feu ! leur jetai-je au milieu du bruit.

— Vive la France ! s'écria Lefort.

— Vive la France ! répéta Martial, en se redressant de toute sa hauteur.

Ils *saluaient* une fusillade effroyable dirigée contre nous.

— Que c'est beau !... mon Dieu ! que c'est beau ! reprit le jeune volontaire que le bruit animait de plus en plus.

— Est-ce comme dans tes rêves ? lui demandai-je.

— Oh ! non... à présent c'est pour de bon !

La charge sonnait...

..... Le lendemain, les francs-tireurs de la Sarthe, auxquels avait voulu se joindre le colonel Thierry à la tête des officiers du 71e mobiles, entouraient, dans le cimetière du village de Forcé, une profonde et large fosse. Nous

avions été vainqueurs la veille ; mais, hélas !
plusieurs des nôtres étaient tombés en combattant, et, parmi eux, j'avais la douleur de
compter Lefort et son fils... De cette génération
de braves ils ne restait rien : ils étaient morts,
— morts au champ d'honneur !

. . . .

Ce combat devait être pour nous le dernier.

Le prince Frédéric-Charles avait rappelé successivement les diverses colonnes qui, à la suite
de la retraite du Mans, s'étaient avancées jusqu'en vue de Laval. L'ennemi venait également
d'évacuer Alençon, où les francs-tireurs de
Paris avaient, comme à Châteaudun, soutenu le
14 une lutte glorieuse et disproportionnée contre
les troupes du grand-duc de Mecklembourg.
Aussi le général en chef profita-t-il des jours de
répit qui suivirent pour achever la reconstitu-
tion de l'armée.

Il s'attacha spécialement à organiser la défense de la Bretagne. Cette défense fut confiée
au général de Colomb, ayant sous ses ordres

les généraux Charette, Cathelineau, Lipowski et Béranger, mis à la tête des mobilisés bretons. Ce projet, habilement conçu, pouvait permettre au général Chanzy de disposer des 16ᵉ, 17ᵉ et 21ᵉ corps, et, à un moment donné, de s'élancer soit sur Caen, soit sur Lisieux et Rouen.

Tout cela s'exécuta rapidement : dix jours suffirent pour que cette deuxième armée, qui un instant avait semblé anéantie, se trouvât prête à marcher de nouveau avec un effectif de 150,000 hommes d'infanterie, plus de 6,000 cavaliers et 54 batteries d'artillerie, sans compter les 100,000 hommes du général de Colomb. Ce résultat tenait vraiment du prodige.

Mais ce suprême effort, nous ne devions pas le tenter.

Le 29, dans l'après-midi, le général en chef recevait de la délégation de Bordeaux la dépêche suivante :

« La délégation du gouvernement établie à
« Bordeaux, qui n'avait jusqu'ici, sur les négo-
« ciations entamées à Versailles, que des ren-

« seignements fournis par la presse étrangère,
« a reçu cette nuit le télégramme suivant,
« qu'elle porte à la connaissance du pays dans
« sa teneur intégrale :

« JULES FAVRE,

« MINISTRE DES AFFAIRES ÉTRANGÈRES, A LA

« DÉLÉGATION DE BORDEAUX.

« Versailles, 28 janvier, onze heures quinze du soir.

« Nous signons aujourd'hui un traité avec
« M. le comte de Bismarck. — Un armistice de
« vingt et un jours est convenu. — Une assem-
« blée est convoquée à Bordeaux pour le 15 fé-
« vrier. — Faites connaître cette nouvelle à toute
« la France. — Faites exécuter l'armistice, et
« convoquez les électeurs pour le 8 février. —
« Un membre du gouvernement va partir pour
« Bordeaux.

« *Signé :* Jules FAVRE. »

« Un décret, qui sera ultérieurement publié,

« fera connaitre les mesures prises pour assu-
« rer l'exécution des dispositions ci-dessus.

« *Signé :* GAMBETTA. »

Nous lûmes cette dépêche le même soir sur
les murs de Laval, en rentrant de la Houssaye,
où nous avions été envoyés la veille pour surveiller les gués de la Mayenne : le 17ᵉ corps
avait, deux jours auparavant, relevé les divisions du 16ᵉ dans ses différentes positions sur la
rive gauche.

Mes braves volontaires accueillirent cette nouvelle avec une douloureuse stupéfaction, tout
en comprenant la dure nécessité où se trouvait
la France de ne pas prolonger plus longtemps
une résistance désormais impossible. En effet,
Paris capitulant, Faidherbe écrasé sous le nombre, l'armée de l'Est n'existant plus, il eût été
trop insensé de vouloir continuer la lutte. Toutefois, nous acceptâmes le coup qui nous frap-
pait avec la dignité du soldat qui a la conscience
d'avoir fait son devoir jusqu'au bout, et qui,

25.

bien que vaincu, peut encore, ainsi que le roi chevalier, s'écrier : *Tout est perdu, fors l'honneur.*

Disons-le ici : en 1870-1871, au milieu de ses désastres, l'armée française reste plus grande que ses adversaires, et elle ajoute, malgré la stérilité de ses efforts, un fleuron de plus à son immortelle couronne.

Versé au 17e corps [1], ce fut à Montsurs, sur la

----

[1] Nous ne nous retrouvâmes plus avec la 3e division ; mais son brave général, qui n'avait pas oublié ses anciens francs-tireurs, me fit l'honneur de m'écrire plus tard une lettre des plus flatteuses ; il la terminait ainsi :

« . . . .

« Je joins à cette lettre une copie de mon ordre du jour, au moment du licenciement de ma division, à Châtellerault, le 5 mars. Vos francs-tireurs, comme vous, mon cher Foudras, devez prendre votre bonne part des félicitations que j'adresse aux troupes qui ont combattu sous mes ordres pendant cette malheureuse campagne.

« Croyez, etc.

« Général DE CURTEN. »

Voici maintenant l'ordre dont il s'agit :

« Châtellerault, 5 mars 1871.

« ORDRE.

« Le général de Curten, commandant la 3e division, étant appelé à Paris par ordre du ministre de la guerre, pour y route du Mans à Laval, à quelques kilomètres de la ligne prussienne, que le bataillon des francs-tireurs de la Sarthe passa le temps de l'armistice.

Ce temps s'écoula lentement, tristement. Les élections eurent lieu le 8 février. On vota avec calme : chacun parut comprendre la gravité du devoir qu'il remplissait. Il est vrai aussi que beaucoup de ces hommes, jadis si turbulents,

exercer un commandement, remet à dater de ce jour au général Le Bouédec le commandement de la division.

« Officiers et soldats de la 3ᵉ division du 16ᵉ corps, je suis profondément affligé de me séparer de vous.

« Pendant les jours difficiles que nous avons traversés, j'ai appris à vous connaître, à vous estimer : j'avais entière confiance dans votre valeur et dans votre dévoûment à la cause sacrée de la patrie.

« C'est le cœur ulcéré par nos malheurs que vous allez bientôt retourner dans vos foyers ; que cette cruelle douleur ne fasse pas faiblir votre courage ; qu'elle serve, au contraire, à l'exalter, pour préparer l'avenir : ce sera le salut de la France.

« Conservez à votre général un souvenir ; quand ce jour tant désiré sera venu, il sera bien heureux et bien fier si le bonheur lui est donné d'être encore à votre tête.

« Le général,
« Signé : G. DE CURTEN. »

étaient devenus, mûris et grandis par les souffrances qu'ils avaient endurées, des natures sé-
rieuses et des cœurs éprouvés. Qui sait même
si, aujourd'hui, les exemples et les discours de
mes anciens compagnons d'armes n'ont pas,
dans leur pays, une salutaire influence ?...

Mais les heures de notre existence étaient désormais comptées.

L'article 7 de la convention passée à Versailles
entre le comte de Bismarck et M. Jules Favre
portait : « *Tous les corps de francs-tireurs seront dissous par une ordonnance du Gouvernement français.* »

Quel aveu dans la bouche de nos adversaires !
Quel honneur pour nous !

En vertu de cette clause, on nous dirigea sur
Angers, où devait s'effectuer le licenciement du
corps. Partis de Montsurs le 14 février, nous arrivâmes le 18 à notre destination.

... Le 1ᵉʳ mars, les francs-tireurs de la Sarthe
portèrent pour la dernière fois ces armes qu'ils
avaient reçues cinq mois auparavant, et dont ils

s'étaient servis toujours si vaillamment. Je n'oublierai jamais cette date néfaste. C'était dans la cour de la caserne d'infanterie : le jour, heureusement, commençait à baisser. D'une voix suffoquée par l'émotion, je commandai à mes 500 braves de mettre la baïonnette au canon et de former les faisceaux. Ils obéirent... mais que tous ces mâles visages étaient sombres ! comme les poitrines battaient violemment !

Les chassepots, d'abord, passèrent entre les mains des gardes d'artillerie ; puis les cartouches furent versées en un tas et emportées ; enfin, chaque homme déboucla son ceinturon, enleva sa giberne, et nous sortîmes silencieux et mornes de cette cour où l'équipement du bataillon, répandu sur le sol, faisait l'effet d'un vaste saccage... Plus d'un parmi nous avait ses yeux mouillés de larmes !

Le lendemain, j'emmenais mes francs-tireurs à Saumur.

Des rixes avaient eu lieu précédemment entre mes hommes et ceux du général Cathelineau, et, comme ces scènes regrettables eussent pu se renouveler, le général qui commandait à Angers s'était décidé à séparer les deux corps.

La ville de Saumur était occupée par la brigade Cléret, chargée de défendre le Val de la Loire. Plusieurs régiments de mobilisés venaient aussi d'y arriver, pour attendre là le moment de leur renvoi dans leurs foyers. Voulant rester le moins de temps possible au milieu d'un pareil encombrement, je hâtai les formalités que nous avions encore à remplir ; à cet effet, je désignai des officiers pour surveiller à l'intendance l'établissement des feuilles de route et pour faire dresser les certificats de bonne conduite.

De mon côté, je préparai le travail des récompenses [1].

---

[1] Les capitaines Fleury et Beauguitte avaient été décorés précédemment : le premier, à la date du 9 janvier, en raison de sa belle conduite au combat de Saint-Dié-sur-Loire ; le second venait de l'être, il y avait quelques jours à peine, pour s'être distingué au Mans, où je l'avais envoyé en mission le soir de notre arrivée à Mayet. Le capitaine Beauguitte avait traversé, comme par miracle, toutes les

Mon embarras à cet égard était grand. Je ne pouvais proposer pour la croix de chevalier de la Légion d'honneur et pour la médaille militaire qu'un nombre fort restreint d'officiers, de sous-officiers et de francs-tireurs, et combien cependant, parmi ceux qui m'entouraient, dont le courage et le dévouement de tous les instants méritaient d'être récompensés ! Je finis par faire un choix. Je demandai au général en chef, pour les capitaines Le Barbier de Pradun et Tétart, les lieutenants Pavie, Garnier et l'aide-major de de Bonneuil, la croix de chevalier de la Légion d'honneur ; pour le sergent-major Cousin et le franc-tireur Mandonnet [2], la médaille militaire.

J'ajouterai que, sur ces sept propositions, deux seulement — celles concernant le capitaine

lignes prussiennes. — Le sergent-major Holchout avait été médaillé à la même date que le capitaine Fleury.

[2] Ce dévoué serviteur de la France, mort récemment, était entré après la guerre dans l'administration des postes. Il m'écrivait souvent, ne manquant jamais de mettre au-dessus de son nom cette mention touchante : *Votre manchot.*

(Note de cette nouvelle édition.)

Le Barbier de Pradun et le lieutenant Pavie, furent favorablement accueillies par M. le ministre de la guerre.

. . . . , ...

Tout étant terminé dans la soirée du 3, je signai la pièce suivante :

15ᵉ DIVISION MILITAIRE

—

INTENDANCE
DE SAUMUR

—

PROCÈS-VERBAL
DE
LICENCIEMENT

L'an 1871, le 3 mars, nous, Delabrousse, intendant militaire, employé à la résidence de Saumur ; vu le décret du 5 février 1871, portant licenciement des corps francs :

En présence de M. le comte de Foudras, commandant des francs-tireurs de la Sarthe, ledit bataillon a été dissous aujourd'hui, et les officiers et les francs-tireurs qui le composaient ont reçu la destination prescrite par la dépêche ministérielle du 5 février 1871.

En foi de quoi, nous avons dressé le présent procès-verbal, qui a été signé avec nous par MM. de Foudras et Darnault.

Fait quadruple à Saumur, les jours et an que dessus.

Le commandant d'armes,   *Le commandant des francs-tireurs,*
  Signé : DARNAULT.   *Signé :* Le comte DE FOUDRAS.
L'intendant militaire,
  Signé : DELABROUSSE.

Le licenciement du corps était désormais un fait accompli !...

Quelques instants plus tard, nos clairons sonnaient au drapeau, et les cinq belles et braves compagnies des francs-tireurs de la Sarthe s'étant formées en cercle autour de moi, je faisais en ces termes mes adieux à mes intrépides compagnons :

MES CHERS CAMARADES !

Au moment de nous séparer, mon cœur éprouve un suprême besoin : celui de vous exprimer ma vive gratitude pour le concours énergique et intelligent que tous, officiers et soldats, n'avez cessé de me prêter durant notre rude et laborieuse campagne.

Vous avez noblement accompli votre devoir de citoyens et de soldats. Fatigues, privations, dangers, rien n'a jamais ralenti ni votre ardeur, ni votre courage ; aussi, mes amis, croyez que je serai fier de dire partout :

J'ai eu l'honneur de commander les francs-tireurs de la Sarthe !

MES CHERS CAMARADES !

Je ne vous dis pas *adieu !* mais *au revoir !*

Notre infortuné pays n'a-t-il pas une revanche à prendre ?...

. . . .

Aussi ne terminerons-nous pas ces récits sans dire à nos enfants avec le général Ambert [1] :

« Si un moment de défaillance courbait vos

______

[1] *Récits militaires : l'Invasion,* préface, page xiv.

« fronts à l'heure du départ, rappelez-vous les
« souffrances et le courage de vos pères, rappe-
« lez-vous leurs ossements répandus au loin,
« rappelez-vous le uhlan maître de votre foyer,
« rappelez-vous le vieux curé sonnant le tocsin
« à l'église de votre baptème et de votre pre-
« mière communion ; rappelez-vous ce pauvre
« soldat, mort de misère à la porte de votre
« chaumière ; rappelez-vous l'aïeul qui, les bras
« étendus et la tète tremblante, prononcerait sa
« malédiction sur tous ceux de sa race qui ne
« combattraient pas pour la France, à la grande
« bataille que Dieu tient en réserve pour le jour
« de sa Justice ! »

FIN.

NOTES ET APPENDICE

NOTES ET APPENDICE

LETTRE *A*

Les francs-tireurs lillois ou du Nord, dirigés sur la Normandie vers le milieu de septembre, appartinrent successivement à *l'armée de l'Andelle* et à *l'armée du Havre*, commandées par les généraux comte Gudin, Briand et Loysel.

Peu nombreux, — ils ne formèrent jamais plus d'un demi-bataillon, — ils n'en firent pas moins leur devoir, notamment le 24 octobre, à Longchamp ; le 4 décembre, à Vascœuil ; enfin à Saint-Romain, le 17 janvier, où une de leurs compagnies, sous les ordres du capitaine Janssens, — un tout jeune homme, Belge d'origine, Français de cœur, — se conduisit d'une façon des plus brillantes.

Mes braves camarades de la première heure furent les dignes émules de leurs frères de la Sarthe.

LETTE *B*

LES VOLONTAIRES DE LA LOIRE

CHANT PATRIOTIQUE

Dédié au commandant de Foudras.

—×—

Debout ! volontaires de la Loire !
Stofflet, Foudras, Cathelineau,
Vos noms appellent la victoire,
Nous vous suivrons jusqu'au tombeau !

I

Des bords du Rhin aux gorges de l'Argonne,
De Vouziers aux portes de Paris,
Entendez-vous ?... L'airain mugit et tonne,
Entremêlé de sanglots et de cris !
Ivres de sang, de fureur et de rage,
Les Prussiens agissent en bandits !
Pour nous le fer, pour nos femmes l'outrage !
Pas de pitié !... Sus, sus à ces maudits !

Debout ! volontaires de la Loire !
Stofflet, Foudras, Cathelineau,
Vos noms appellent la victoire,
Nous vous suivrons jusqu'au tombeau !

II

Debout ! debout, citoyens, voici l'heure ;
Jeunes et vieux, chacun se fait soldat,
Strasbourg n'est plus, Metz agonise et pleure :
Levons-nous tous et courons au combat !..
Que nos coteaux, nos vallons, nos bruyères,
Nos bois se peuplent au glas des tocsins ;
Et des buissons, nos balles meurtrières
Viendront faucher ces lâches assassins !

Debout ! volontaires de la Loire !
Stofflet, Foudras, Cathelineau,
Vos noms appellent la victoire,
Nous vous suivrons jusqu'au tombeau !

III

Réveillez-vous, provinces décimées !...
Lorraine, Alsace, oh ! nos vaillantes sœurs !
Pour vous venger se lèvent deux armées,
Et vos revers ont déchiré nos cœurs !...

Ils paieront cher votre lente agonie,
Ces fiers Teutons, fous de sang et d'orgueil ;
Peu reverront la blonde Germanie,
Car nos guérets deviendront leur cercueil !

Debout ! volontaires de la Loire !
Stofflet, Foudras, Cathelineau,
Vos noms appellent la victoire,
Nous vous suivrons jusqu'au tombeau !

X...

Le Mans, 1ᵉʳ octobre 1870.

LETTRE C

Les corps francs étaient nombreux à l'armée de
la Loire, le gouvernement de la Défense nationale
ayant, par tous les moyens possibles, favorisé leur
recrutement.

L'habillement et l'équipement de ces volontaires
étaient relativement soignés ; ils avaient tous des
fusils perfectionnés ; payés par l'État, beaucoup
touchaient en outre une haute paye de leurs muni-
cipalités. Leur nombre, dans toute la France, s'éle-
vait à environ 30,000.

Un décret du 29 septembre 1870 avait mis les
francs-tireurs à la disposition du ministre de la
guerre. Quant aux opérations qu'ils avaient en vue,
c'étaient les coups de main, les surprises et les embuscades, dans lesquelles la ruse, l'intelligence et
l'audace luttent contre la force : opérations qui, en
échange d'une plus grande indépendance, exigent
des chefs qui les dirigent une plus grande somme
de facultés individuelles.

Ces troupes, il est vrai, ne se trouvèrent pas toujours dans des conditions à faire la guerre de par-

tisans telle qu'on la comprend d'ordinaire, et qui consiste à enlever les convois de l'adversaire et à inquiéter ses derrières ou ses flancs. Elles étaient souvent réduites à aiguillonner l'ennemi mal à propos, à harceler ses éclaireurs, à faire en un mot ce que l'on a si justement appelé « la chasse aux Prussiens ». Cette chasse, malheureusement, lors même qu'elle était infructueuse, ne manquait presque jamais d'attirer des représailles, le pillage, parfois l'incendie de la commune sur le territoire de laquelle avait été tendue l'embuscade.

Les corps francs n'en rendirent pas moins des services incontestables. Parmi ceux qui ont marqué le plus brillamment à l'armée de la Loire, nous citerons : le corps Cathelineau, les francs-tireurs de Paris, de la Sarthe, de la Gironde, des Deux-Sèvres, de Tours (capitaine Hildebrand), de Blidah, de Saint-Denis, d'Eure-et-Loir, d'Argentan, de l'Ain (capitaine Jayr), de la Ferté-Macé, les volontaires de la Dordogne (commandant Legros), et d'autres encore dont les noms nous échappent.

Bien des abus ont forcément existé ; mais aussi quel dévoûment, quel patriotisme chez ces hommes qui, pour la plupart, étrangers complètement à la vie militaire, surent si bien se battre et si bien mourir !

LETTRE *D*

LE FANTOME DE FORCÉ

—x—

Pour voir la guerre et ses fureurs,
Il avait quitté l'Allemagne ;
Mais il tomba dans la campagne
Sous les balles des francs-tireurs.

Mon héros avait un domaine,
Des biens, de l'or, un nom pompeux,
N'avait à prendre que la peine
De respirer pour vivre heureux…
Vint-il pas, d'une âme inquiète,
Guerroyer en pays voisin,
Et se faire casser la tête
Sur le versant d'un grand chemin !

Sort fatal du baron Gustave,
Du vieux monde il subit la loi :
Les horions sont pour le brave,
Mais les profits sont pour le roi.
Il n'a sa dépouille abritée
Pas même d'un humble cercueil,
Et son roi dort chaque nuitée,
Ivre de bien-être et d'orgueil.

Lui gît au fond d'une carrière,
Non loin de Laval à Forcé,
Avec le compagnon de guerre
Qui sous lui tomba foudroyé.
Or, depuis que la Germanie
Nous a laissé ce triste don,
Tous les soirs un mauvais génie
Souffle la peur dans le canton.

Quand le courrier de minuit passe,
On avertit les voyageurs :
Cessez vos gais propos, de grâce,
Voici le mort des francs-tireurs !
Chacun se serre... chaque bouche
Est muette... puis on entend
Retentir un « *Wer da !* » farouche
Qui finit en ricanement !

Du baron c'est l'âme impuissante
Qui maudit un sol odieux,
Regrette sa patrie absente
Et les tombeaux de ses aïeux.
Sois patiente, ombre meurtrie,
Repose en paix en ton sommeil,
Car tu vas revoir ta patrie
Après un étrange réveil...

Ton vieux roi (que le diable emporte !)
Est assigné par Lucifer.
Il aura besoin d'une escorte
Pour le présenter à l'enfer.
Partout surgiront de la terre
Cuirassiers, dragons et uhlans,
Fantômes de ceux que la guerre
A faits victimes des corps francs.

Et quand le prince des ténèbres
Commandera : « Passez le Rhin ! »
Formés en escadrons funèbres,
Vous crierez : « Hurrah pour Berlin ! »
Alors, d'une âme plus sereine,
Cherche parmi tous les soudards
Les brillants dragons de la Reine
Dont tu partageais les hasards.

Si le vin du Rhin et la bière
Surexcitent leurs lourds cerveaux,
Ils parleront de notre guerre
En rêvant des exploits nouveaux.
Et s'ils veulent qu'on recommence,
Sors du cercueil, et tu diras :
« Craignez les francs-tireurs de France
Et les compagnons de Foudras !... »

DEUX ARTICLES BIBLIOGRAPHIQUES [1]

Journal *le Monde,* 30 mars 1883.

Beaucoup d'ouvrages ont été écrits sur la guerre de 1870, si désastreuse pour notre malheureux pays ; la lumière commence à se faire, mais il est à regretter que tous les hommes qui, par leur position, dans un rôle bien que restreint, ont été à même de voir les événements, n'imitent pas le comte de Foudras, en livrant à la publicité, soit le récit de ce qu'ils ont vu, soit, comme le commandant des francs-tireurs de la Sarthe, leur journal jeté sur le papier

---

[1] Plusieurs écrivains militaires ont bien voulu parler de notre livre. Si parmi les articles publiés sur les *Francs-Tireurs de la Sarthe,* nous avons choisi pour le citer celui de M. le baron du Casse, une plume compétente entre toutes, ce n'est pas orgueil de notre part, mais pour honorer une fois de plus nos anciens compagnons d'armes. Même observation pour l'extrait du *Journal de Roanne.*

jour par jour, heure par heure, au feu du bivouac ou dans le silence des nuits qui ont suivi les combats.

Un livre écrit de cette façon, par un homme aussi dévoué à son pays que l'auteur d'*Une page d'histoire*, forme un vrai tableau, dénué de tout artifice et excellent à consulter pour les historiens à venir. Une série d'ouvrages pareils composerait une encyclopédie précieuse et révélerait bien des choses qui ne se feront pas jour peut-être et resteront inconnues.

Le comte de Foudras, — fils du marquis, le célèbre écrivain cynégétique, — ancien officier de cavalerie, démissionnaire pendant la paix, n'a pas plus tôt entendu les coups des canons allemands et connu nos premiers revers, que sa fibre patriotique, dénuée de tout esprit de parti, l'a poussé à reprendre les armes. Entravé à Lille dans ses projets, il a pu enfin obtenir, à Tours, l'autorisation de lever un corps franc, avec lequel il a aidé d'une façon remarquable les opérations du corps d'observation d'Eure-et-Loir d'abord, puis ensuite celles de la deuxième armée de la Loire, du regretté général Chanzy.

L'épée d'une main, la plume de l'autre, le comte de Foudras a suivi toutes les péripéties de cette campagne d'hiver, si rude et si glorieuse. Après

27.

s'être battu quatre mois à la tête de ses héroïques francs-tireurs, il nous dit aujourd'hui ce qu'ils ont fait ensemble, et il le dit simplement, en soldat qui retrace les faits dont il a été témoin, sans chercher à les enjoliver.

Nous avons lu avec le plus vif intérêt la *Page d'histoire* du comte de Foudras. Son livre est, en outre, émaillé d'anecdotes curieuses et qui donnent une idée très exacte des sentiments des populations. L'histoire et les dangers du curé de Verdes, l'engagement dans les francs-tireurs de la Sarthe d'un jeune homme et de sa *fiancée,* celui d'un manchot intelligent et courageux, rendent ces pages plus attrayantes encore.

Nous avons lu avec plaisir les détails sur la manière dont les Allemands correspondent par signaux. Ces leçons du passé, si nous étions un peu plus sérieux, un peu moins *Français,* disons le mot, devraient bien être utilisées par nous pour l'avenir.

Remercions donc le comte de Foudras de nous avoir donné une *Page d'histoire* vraie, intéressante, utile à consulter, et écrite avec le patriotisme qui, pendant la lutte, a guidé lui et ses vaillants compagnons d'armes.

Baron DU CASSE.

Journal de Roanne, 7 juin 1885.

Dimanche dernier a eu lieu à Paris, au Cirque d'Hiver, en présence de près de 3,000 spectateurs et avec le cérémonial accoutumé, la distribution des récompenses aux lauréats de la *Société nationale d'Encouragement au Bien*[1].

Des couronnes civiques et des médailles ont été décernées à plus de cent personnes. Au nombre des élus, nous citerons avec plaisir M. le comte de Foudras. Notre compatriote, le quatrième parmi tous ces heureux, a reçu une médaille d'honneur pour son intéressant livre : *Une page d'histoire*, souve-

[1] Cette importante Société, fondée en 1862, s'attache à faire prévaloir et récompense chaque année en séance publique le courage civique et militaire, les ouvrages moraux et patriotiques, l'assiduité au travail, les bons soins donnés aux parents âgés et nécessiteux, le dévoûment à l'humanité, etc., etc. Placée sous le haut patronage de Leurs Majestés Don Pedro de Alcantara, empereur du Brésil, Don Alphonse XII, roi d'Espagne, Dona Maria Pia de Savoie, reine de Portugal, « femme de haute charité et de fier courage », et de S. A. le prince royal de Danemark, elle a pour président M. Henri Giraud, député des Deux-Sèvres, et pour secrétaire général M. Honoré Arnoul, l'éminent philanthrope que tout Paris connaît.

nirs de la guerre franco-allemande. Nous félicitons très sincèrement M. de Foudras : on ne pouvait mieux reconnaître la vaillance du soldat et le talent de l'écrivain.

Cette distinction honore aussi le corps des *Francs-Tireurs de la Sarthe,* qui fut si admirable d'énergie et de courage. Secondé par de tels hommes, la tâche du chef était facile, et ces intrépides volontaires peuvent, aujourd'hui, être fiers pour leur ancien commandant et pour eux.

L. B.

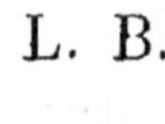

TABLE

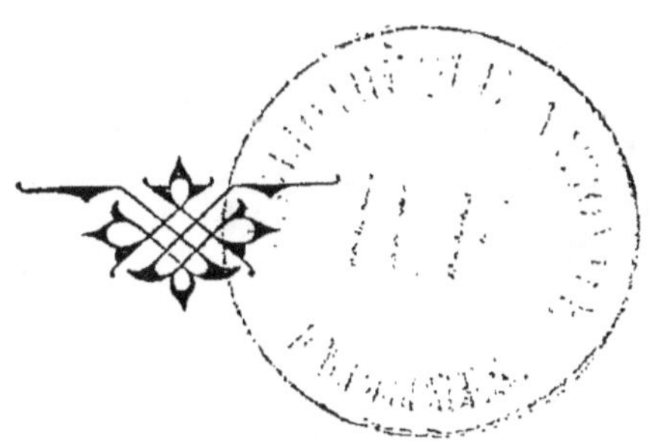

ORLÉANS. — TYPOGRAPHIE DE GEORGES JACOB.

ABRAHAM-ISAAC
JACOB - 1687
G. JACOB
1880